JN095246

12ヵ国語を操る
世界的数学者が、今伝えたい、
子育てで本当に優先すべきこと

子どもの英語教育はあせらなくて大丈夫！

数学者
ピーター・フランクル
PETER FRANKL

草思社

はじめに

１９８０年代に初めて日本を訪れて、日本のことが大好きになり、以来ずっとこの国で暮らしています。気が付けば30年もの時間が流れました。その間、海外を知っていること、数学を仕事にしていることなどから講演を頼まれ、中でも全国の小中学校や高校で数多くの話をしてきました。その数は１０００回を大きく上回ります。

講演のテーマは「人生を楽しくする方程式」「21世紀に羽ばたくための学習法」や「真の国際人になるために」などいろいろで、もちろん英語や算数・数学に関するものもあります。講演の際には、子どもの学力の伸ばし方に関してたくさんの質問を受けてきました。その前後には大勢のＰＴＡ関係者の方たちと話をする機会もあり、子育てや教育についての悩みを知っていくにつれ僕自身も刺激を受け、ますます自分なりに研究するようになっていきました。

この本は、その考察の結果を余すところなくまとめたものです。

親である皆さんが本書に期待する内容は、「子どもにいつ、どのように英語の力を付けさせていけばよいのか」かもしれません。グローバル化が進み、海外との往来やＩＴにより世界中から入ってくる情報が増えていることを考えたら、英語の重要性は明らかです。英語はできないより、できたほうが断然よいことは間違いありません。しかし幼い頃から英語偏重の教育を行うことについては、大いに疑問を抱いています。

そもそも親の最大の責務は、子どもが幸せな人生を歩んでいけるように育てることです。それには英語よりも先に子どもたちの中に育てていくべき大切なものがあるのです。

真の国際人とはけっして無国籍人ではありません。自国を愛し、自分の言語や文化に誇りを持ちながら他の国の人々と、互いの違いを楽しみ、対等に接することができる人たちです。

これをきちんと自覚できれば、小学生低学年のうちは具体的な勉強よりも親の無条件の愛を感じながら日本語をしっかり身に付け、日常の生活の中で日本の豊かな文化に触れていくことのほうが大切だということに気付けるでしょう。

さらに言えば、なるべく子どもに偏見や先入観を持たせないように注意し、自分と違うものに対する興味や関心を深めるような育て方をすることが大切です。

こうした意識や気持ちを小さいときからしっかり持たせてあげたほうが、のちのち英語の勉強を始めたときに、英語が早く上達し、英語力が伸びていきます。
詳細については、本文をゆっくり読んでみてください。

本書は、子どもの英語学習について迷っている方、子育てそのものに悩んでいる方に向けて書きました。この先の未来を生きる子どもたちに、どのような人になってほしいと考えているかを、メッセージとして存分に込めたつもりです。

僕からの提案が皆さんの一助となってくれたら、これほど嬉しいことはありません。

第2章

小さな子どもの「好奇心」と「考える力」を大事にしよう

第3章

英語はあとから、算数は小さいうちが良い理由

第4章

英語はスキルではなく、コミュニケーション

第5章

僕が出会った真の国際人

第6章

親が人生を楽しめば、子どもも人生を楽しめる

第1章

子どもの英語学習、いつから始めるのが正解？

自分のルーツをしっかり持たせることが大事

僕は数学者で大道芸人で、世界110ヵ国を回り12ヵ国語できるという、ちょっと異色の経歴を持っています。だからか、いろいろなテーマで講演を頼まれます。講演先も企業や自治体、市民大学、小中高生や園・学校の先生とさまざまです。

もちろん、保護者の方に向けた講演も少なくありません。ほとんどの講演で最後に質疑応答の時間を設けているのですが、親御さん向けの講演で出てくる定番の質問があります。英語ができる子にするにはどうしたらいいか、算数の力を付けるにはどうしたらいいか、どんな職業を目指せばいいのか、どのような力を付けてあげるといいのか――。このように、自分の子どもの将来をより良いものにするため、親ができることを教えてほしいといった内容の質問が多いのです。

今はグローバル化やAI化が進み、社会構造も複雑になってきて、格差も拡大しています。日本社会だけを見ても、僕が初めて日本にやってきた1982年と比べ、随分と様変わりをしました。

当時は「一億総中流」がまだ残っていて、いい大学を出ていい会社に入ることが成功の近道でしたが、それが通用しなくなっていることは皆さんも感じていらっしゃるのでしょう。勉強ができることも大事だけれど、生きる哲学や考える力を付けてあげることも大事と考えている親御さんが増えているように感じています。

海外と簡単につながることができる時代だからこそ英語の力は必須だし、算数ができることは考える力につながる。だから早期教育で、小さいうちからこの2つの力を付けてあげたい。それが子どもの将来の幸せにもつながるはず、と考えている方々も、前と比べると多くなりました。

そのように考える親の気持ちはとてもよくわかります。

けれども、だからといって乳幼児のときから英語教室や算数教室に通わせ、早期教育に力を入れるようなことには賛成できません。

なぜなら、英語や算数ができることは大切ですが、それよりも先に子どもの中にしっかり育ててあげてほしいものがあるからです。その一つがルーツです。

僕が何回も繰り返し観ているミュージカル映画に『屋根の上のヴァイオリン弾き』があります。旧ロシア帝国下にあったウクライナ地方のアナテフカ村で暮らすユダヤ人たちの物語ですが、映画の冒頭で「トラディション」という歌が出てきます。

この歌では、「自分たちユダヤ人には伝統的なしきたりがあり、それがあるから我々の暮らしは調和がとれているのだ。それがなければ生活も人生も、三角屋根の上でヴァイオリンを弾くヴァイオリン弾きのように、足元がぐらついた不安定なものになってしまうだろう」と言っています。

つまり、何かあったときに立ち返ることのできるものがあるから、いろいろな人はいるけれども、コミュニティの中でまとまって生きていくことができると歌っているのです。

何かあったときに立ち返ることのできるものとは、心の拠《よ》りどころとなるもの、すなわちルーツです。

映画では最後、ユダヤ排斥を受けてコミュニティに住む人たちは世界のあちこちに移り住むことを余儀なくされます。でも、たとえ住むところがばらばらになっても、彼らは心の拠りどころとなるものでつながっています。

子どもが社会の中で幸せに生きていけるようにしていくには、『屋根の上のヴァイオリン弾き』の登場人物がユダヤ人としてのルーツ（伝統と人生観）を持っているように、日本人としてのルーツを持たせてあげることが大切なのです。

ルーツを持つことが安定した心につながる

親しい友人に、同じハンガリー出身の数学者でスペイン人の女性と結婚した人がいます。

しかもハンガリーからフランスに亡命して、そこで結婚し、子どもを一人もうけました。

夫婦の会話はフランス語、お父さんが子どもに話しかけるときはハンガリー語、お母さんはスペイン語という環境の中で育ったので子どもはトライリンガルになりました。毎日パリの保育園に通い、毎年飛行機でブダペストやマドリードに行っていました。5歳か6歳の頃には、ハンガリーやスペインの飛行機を見ても無反応なのに、エールフランスの機体を見ると大喜びするなど、「自分はフランス人」という自覚が芽生えていたそうです。

父親はハンガリー、母親はスペインをルーツに持っているにもかかわらず、その子にとってのルーツはフランスです。

生まれてからずっとフランスで育ち、友達とも小さい頃から仏語を媒介にして仲良く遊び、文化や言葉に触れてきたことでフランスがルーツとなっているのです。そのことは彼にとって精神的な安定をもたらしてくれています。

言語は何ヵ国語でもできるようになれます。それこそ後からいくらでも学ぶことができます。僕も12ヵ国語が操れますが、最初の外国語であるドイツ語をちゃんと習得したのは中学3年生になってからです。

けれどもルーツは、幼い頃から一つ持たせてあげるに越したことはありません。これがしっかりしていなかったら、屋根の上のヴァイオリン弾きみたいに足元が不安定になってしまいます。

この本を読んでくださっている方は、日本という国の中で子どもを育て、生き抜く力を子どもに付けてあげたいと思っている方でしょう。ですから一足飛びに「英語ができる子に」と考えてしまう前に、日本人としてのルーツ（心の羅針盤）を子どもに持たせることを大切にしてもらいたいのです。

自分のルーツを持つことは人間に安心感を与えます。安心感を覚えることで心は安定します。安定と安心は子どもが健やかに成長し、能力を伸ばしていく上で欠かせません。

大きくなって日本の社会の中で活躍するにしても、海外に出て外国で暮らすようになったとしても、ルーツをしっかり持っていることで安心して人生を生きていくことができるのです。

自覚を養い、自信と誇りを育てよう

もう一つ大切にしてほしいのが、一人の人間としての自信と誇りを育てることです。この2つがあれば、子どもが成長して社会の一員として生きていくときの大きな支えとなってくれるでしょう。

では、自信と誇りはどのように育てていけばよいのでしょうか。僕は子どもの中に「自覚」を養っていくことだと考えています。

「自覚」という言葉を広辞苑で調べると、「自己自身の置かれている一定の状況を媒介として、そこにおける自己の位置・能力・価値・義務・使命などを知ること」とあります。

自覚は親が直接教える類いのものではありません。子どもが成長していく中で、周りの人たちとの関係、親や親しい人たちがかける言葉などからできていくものです。

子どもの世界は、最初は親や兄弟姉妹といった家の中から始まります。成長するにつれてご近所、周囲の街、都道府県、国、そして世界へと、水に石を落としたときの波紋のように同心円状に広がっていきます。

世界が広がるにつれて新しく知ることがどんどん増えていき、親しくなる人も増加していきます。そうやって自分の周りの世界が大きくなる中で、自分とはどんな存在か、どんなことができるのか、何をやればいいのかを学んで自覚していきます。

これは最終的に生きる力につながっていきます。「能力を使って世界に貢献したい」「自分はこの社会で何をすべきか」といった気持ちが生まれて、そのためには何を学ぶべきかといった学習の原動力にもなっていきます。

できることが増えていったり、いろいろな人と触れ合いながら「自分はこういう人間」

と自己を作りあげていったりすることで、自分への自信と誇りも持てるようになっていきます。

日本に住んでいるなら日本語が母国語

自分や世界を知るということは、自分や世界を観察し探索するということです。その媒介となっているのが、親の話す母語や生まれ育った国の言葉である母国語です。

日本で育つ子どもたちにとって、最も多く触れる言葉は日本語です。故にルーツを持つにしても、自覚を養っていくにしても、日本語抜きにはできません。そう考えると、日本の子どもたちにとって一番大切な言語は、何をおいても日本語なのです。

僕は日本に来て40年近くになります。日々、日本語を使って生活していますし、夢の中で今はもう亡くなっているハンガリー人の父と日本語で会話をするほど、僕の中に染み込んでいます。

でも数学を必死に考えているときのように集中して何かを思考する際や、試行錯誤して全力投球で答えを見つけようとしているときは、やっぱり母国語であるハンガリー語を使っています。

大学で数学の講義ができるぐらいのレベルまで習得している他の言葉は11ヵ国語にのぼりますが、それでも自分にとって最も的確に使いこなせる言葉は群を抜いてハンガリー語なのです。

すべての単語がわからなくても文の流れから確実に意味を読み取ることができたり、何かを表現したいときに迷いもなく最も的確な言葉を選び取ったり、頭の中で複雑な考えをまとめたりするときは、やはり母国語にはかないません。

そのことをさらに強く感じたのは、東京大学の日本人の教授に誘われて、ロシア文学を日本語に訳す翻訳者の発表会に参加したときのことでした。

僕もロシア語はかなりできます。ロシア語で講演したこともたくさんありますし、数学の論文を書いたこともあります。発表会の前に参加者の方たちとロシア語で話したときは、ロシア語のレベルは僕とそれほど変わらない印象でした。

けれども発表を聞いて、深い感動を覚えました。素晴らしいロシアの小説を、彼らは実に美しい日本語で翻訳していたからです。豊かな語彙で日本語に置き換えられている文章を耳にして、その表現力に圧倒されると同時に母国語の持つ力を改めて痛感しました。

自分が感じていること、思っていること、考えたこと、見たこと、聞いたこと、味わったものすべてについて、どれだけ美しく正確に、相手が納得するように表現できるか。これに関しては、外国語で母国語のレベルを超えることはできません。

日本で育っているなら母国語は日本語です。小さい頃から耳にして、日本語を媒介に多くのものを吸収していくことを考えたら、子どもたちの日本語の力を豊かにしてあげることをぜひ先に考えてほしいのです。

英語への興味は日本語の面白さを知ることから

このように言う理由は、日本語に高い関心を持っている日本人のほうが、外国語への興味が湧く可能性も高いと考えているからです。

一つの言語に関心を抱けば、言葉そのものへの関心が高まり、言葉を学ぶことが面白くなります。母国語である日本語の豊かさや素晴らしさを教えてあげると、それがやがては他の言語を学んでみたいという気持ちにつながっていく可能性があります。

だから、子どもにはまず「言葉って不思議だ」と気付かせることが先決です。それに気付いた子どもは英語を「難しい、嫌だ」ではなく「あら不思議、面白い」と感じて、やる気を覚える可能性が高まります。

それに英語ではなく日本語の面白さや素晴らしさを教えるということなら、英語が苦手な親御さんでも可能でしょう。

例えば、日本には『ぐりとぐら』『からすのパンやさん』等をはじめ、素晴らしい絵本がたくさんあります。小さいうちはそうした絵本を感情豊かに読み聞かせたり、今は朗読サイトもありますから、親が好きだった本を子どもと一緒に聴いたりするのもよいでしょう。かるた遊びもすごくいいと思います。誰が勝ったか負けたかだけで終わらせるのではなく、いろはかるたで使われている言葉やことわざの意味を教えてあげながら遊ぶこと。そこから言葉への興味が湧いてくるでしょうし、語彙力も増えます。

小学生になったら、自分が好きだった映画の名作を子どもと観たり、日本語の詩を声に出して読み合ったり、親自身が好きなのであれば演劇や歌舞伎に連れて行ったりするのもいいと思います。

こんなふうに遊びながら、いろいろな形で日本語に触れ、美しい表現や多様な言い回しを覚えていくほど子どもの語彙は豊かになっていきます。知っている言葉が多ければ多いほど、英語を学ぶようになったときにも微妙な違いに敏感になりプラスに働いてくれます。

しかも本や詩を読んだり、映画を観たり、劇や歌舞伎を鑑賞したりといった経験を小さいときからしておくと、豊かな人間性を育んでいくことにも役立ちます。それが習慣になっていけば、知識や教養の幅をどんどん広げていくことができます。これも後々、英語を学んで外国人の日本に対する質問に答える際、大きなプラスとなってくれるでしょう。

「英語に慣れるなら小さいうち」は本当？

さて、ここまで僕は、子どもが小さいうちは英語教育よりも、しっかりとルーツを持たせること、自信や誇りを持たせてあげること、日本語の力を付けていくことのほうが大事であると述べてきました。

では英語はやらせなくてもいいのか？　と言えば、そういうことではないのです。というのも、間違いなく英語はできないより、できたほうがいいからです。

高校入試にしろ大学入試にしろ、英語の配点割合はけっして小さくありません。英語のでき具合によっては志望校に進めないという事態が起こります。

就職となると門戸はさらに狭くなります。日本の企業でもグローバルクラスなら英語ができることを求められますし、外資系企業ではかなり高度な英語力がないと応募すらできないケースがあります。

海外に支社があったり、社内に外国の人たちがいたり、取引先が海外にあったり、海外への進出を狙っていたり、何かしらの形で世界とつながりを持つ会社が増えていることは事実です。

どの学校に入るか、どの会社に就職するかは、その後の人生に関わってきます。英語ができることは人生設計の上でもやはり有利です。

そうなると、皆さんの多くは「やっぱり1歳でも早く英語をやらせなきゃ」と焦るかもしれません。確かに日本語環境の中で英語の力を付けていこうとしたら、早いうちから英語に〝親しませて〟おくことは悪くないでしょう。

でも、2、3歳から英語教室に通わせたり、英語の教材で遊びながら学ばせたりするだけで英語の力が付いていくかというと、残念ながらそれはありません。

先ほどお父さんがハンガリー人でお母さんがスペイン人、本人はフランス育ちという友人の子の話をしました。彼は小さいときからハンガリー語、スペイン語、フランス語を聞いて育ち、3ヵ国語を話せるトライリンガルになりましたが、話を聞くと子どもの頃はハンガリー語とスペイン語を何回も忘れたと言います。

ハンガリーやスペインに遊びに行って現地で何週間か過ごすと、また思い出してきれいに話せるようになるけれど、小学校の低学年ぐらいまでは覚えて忘れて、また覚えて忘れての繰り返しだったそうです。

それにハンガリー語は、耳で聞いて覚えただけで本を読まなかったので、話せるけれどもきちんと書くことはできません。スペイン語も文法はしっかりしていないと言います。

彼が普段の生活で最もたくさん使うのはフランス語ですから、生まれたときから他の外国語を聞いて育ったとはいえ、使う回数が少なければフランス語以外の言葉は頭の中から抜けてしまうのです。

日本で育つ子どもたちも環境は同じです。2、3歳で学んだ英語がその後もずっと頭の中に残り続けるかというと、それは難しいのです。

母国語ではない外国語の習得には、それなりの努力と繰り返しが必要です。それに何よりも本人の学びたいという意欲が不可欠です。未就学児にそれを求めるのは厳しいのではないでしょうか。

早期の英語教育は、英語という言葉に慣れさせる意味では、ある程度の効果があるでしょう。しかし前述のように「親しませる」程度に考えて、バイリンガルになる、ネイティブのように話せるといった過剰な期待は持たないほうがいいと思います。

ネイティブ発音はあまり必要ではない

早くから英語を学ばせたいと親御さんが思うのは、「早ければ早いほどネイティブ・スピーカーのような発音が身に付く」と願っていることにも理由があるようです。

驚くことに、今は熱心な親向けに胎教で英語を聴かせる教材までありきます。教材販売の会社は「胎教でバイリンガルにする」「胎児からの英語教育」と宣伝文句を並べて、親たちの英語教育熱をあおっています。

でも考えてみてください。胎教でクラシックを聴かせると良い、絵本を読み聞かせると良いなどいろいろと言われていますが、例えば胎児のときにたくさんクラシック音楽を聴いた子が、音楽で才能を花開かせたケースはどのくらいあるのでしょうか？

中にはオーケストラの楽団員になった人がいるかもしれません。でもそれは生まれてから後の環境に負う部分が大きいと思います。胎教の効果かどうかは確認のしようがなく、実際のところわからないのです。だからはっきり言って、妊娠しているときからお腹の赤ちゃんに英語を聴かせる効果も、ネイティブのようになれるという説も信じていません。

発音にしても、きれいに発音できるのであればそれに越したことはないでしょう。しかし、必ずしもネイティブのような発音である必要はないのです。

英語は世界の公用語として使われています。ですから英語を話すのは、英語を母国語としている人たちだけに限りません。

母国語を別に持っている人たちが話す英語には、それぞれの国の言葉からくる癖や特徴が出てきます。フランス人ならフランス語、ドイツ人ならドイツ語、タイ人ならタイ語、中国人なら中国語、もちろん日本人なら日本語のイントネーションが出てしまうものなのです。それは別に恥ずかしいことではないですし、マイナスでもないのです。

そもそも、ネイティブと呼ばれる人たちの英語も国や地域で違います。例えば、イギリス英語、アメリカ英語、オーストラリア英語の発音は同じではありません。さらに言うなら、同じイギリス国内、アメリカ国内でも地域によって発音の癖が違います。いわゆる訛《なま》りのようなもので、日本に東北弁や関西弁といった方言があるのと一緒です。

大切なのはネイティブのように発音できることよりも、話が通じること、意思疎通ができることです。発音が上手にできなくても、相手とコミュニケーションがとれて大事なことを伝え合うことができれば問題はないのです。

むしろ、特色のある発音は個性と同じであると考えています。僕の日本語の発音も日本人とは違います。でもどこかに電話をしたとき、僕の声と発音を聞いてすぐ「あ、ピーターさんですね」とわかってもらえます。もし皆さんと同じような日本語を話したとしたら、こんなふうに反応してもらうことは無理でしょう。

日本人同士の会話でも、相手の言葉に東北や九州のイントネーションを感じたら、「この人は東北の出身なんだ」「九州の人だろう」と感じるだけではないでしょうか。場合によってはそこから「もしかしたら東北の方ですか？　どちらの県ですか？」と会話の糸口ができて、思わず話が弾んだりするかもしれません。

英語の発音も同じです。話す英語に日本語訛りがあっても気にする必要はありませんし、正確な発音自体にこだわる必要もないと思います。

それでも、どうしてもきれいな発音にこだわるのであれば、小学校3年生か4年生ぐらい（年齢にして10歳前後の時期）に、学校教育以外の英語環境を用意してあげることで、かなり美しい発音で話せるようになっていくでしょう。つまり、幼児のうちからでなくても間に合うのです。

いずれにしても、発音に関しては多少癖があってもかまわないというのが僕の持論です。皆さんも「通じればいい」と気楽に考えてみてください。

「聞き取る力」は重要

一方で「聞き取る力」は、耳が柔軟な子ども時代に付けておいてあげたほうがいいと考えています。英語の正確な聞き取りは、大きくなればなるほど大変になっていくからです。

僕にも、いまだに聞き分けの苦手な日本語がいくつかあります。例えば「箸」「橋」「端」、

「牡蠣」と「柿」などは、何回教えてもらっても覚えられません。教えてもらったそのときは違いを聞き分けることができるのですが、次に聞いたときはわからなくなってしまう。その繰り返しです。大人になってからだと耳がついていきにくくなるのです。

日本人の場合、英語で苦手とされているのが「L」と「R」の聞き分けです。例えば「ライス」と聞いたとき、それが「Rice（お米）」なのか「Lice（しらみ）」なのかを聞き取れないと、とんでもない誤解をしてしまう可能性があります。

「Play」と「Pray」もそうです。「prayer」（祈りを捧げる人）を「player」（競技者）と間違えて、「昨日は広場で祈っている人がたくさんいたよ」と言われ、「私もサッカーのプレイヤーだったんです」とトンチンカンな答えを返してしまうことになりかねません。

「L」と「R」に限らず、日本人にはどちらも「ジ」と聞こえる音も「J」と「Z」では違う音になるなど、英語には日本語にない音があります。

そうした音の違いを聞き取れないと、英語をきちんと勉強しようとなったとき損をします。情報の一部が失われてしまい、文意が正しく理解できなくなりますし、これによって混乱して話の糸口を完全に失うことさえあります。

ちゃんと聞き分けることができたら、その単語の綴《つづ》りが頭の中に浮かんで文意を理解しやすくなります。書くときも間違って書くことが減っていきます。

ですから、ネイティブ並みの発音よりも、音を聞き取る力のほうが大切です。

本格的な英語の勉強は小学生、それも高学年になってからで十二分と僕は考えています し、2、3歳の頃の早期の英語教育で英語力が付いていくことはほとんどないと前述しましたが、英語に耳を慣れさせて聞き取る力を育てるという一点において、幼児から『セサミストリート』のような番組を楽しんだり、オーディオ機能の付いた英語絵本を一緒に読んだり、英語の歌を楽しんだりすることはしておいて悪くないと思います。

また、子どもが小学生・中学生になったら、単語を調べるときには音声再生で音も一緒に聞くといいといったことをアドバイスしてあげてください。

オンライン辞書にはスピーカーマークがついていて、クリックすると音声を聞くことができます。「L」と「R」の音の違いも、何回も何回も聞き返しているとだんだんわかってくるようになります。

今は中学生や高校生になるとスマートフォンを持っている子がほとんどという時代なので、洋楽が好きな子であれば、画面に出てくる英語の歌詞を追いかけながら聴くのも聞き取り力にひと役買ってくれます。

余談ですが、スマートフォンなどなかった時代は、歌を耳だけで聴いて覚えるしかありませんでした。僕が高校生のときには、ハンガリーにもビートルズやローリングストーンズなどの英語の歌が入ってきて、親友の一人も大好きになりました。

彼は現在、ハンガリーの音大でジャズ科のトップ教授になっていますが、高校時代はギターを弾きながらよくビートルズを歌っていたものです。でも当時の僕たちは英語を学んでいなかったので、耳から入る音をそのまま再現して歌うしかありませんでした。ビートルズのメンバーはイギリスのリバプール出身で、そもそも方言が強かったことも加わって、今から思い返すと「なんで、そんなふうに聞こえたんだろう」と思うような歌い方をいっぱいしていました。

例えば「エロチャー」です。「エロチャー、エロチャー」と一所懸命歌っていた部分が「A little child」だったことはかなり後からわかりました。当時のことを思い出すと、スマホで英語の歌詞を見ながら歌が聴ける今は、本当に便利になったものだと実感します。

歌の良いところは、好きな歌であれば何十回、何百回繰り返して聴いても飽きない点です。これを英語学習に活かすべきです。歌詞の意味がわからなかったらクリック一つで簡単に和訳も出てくるので、単語や言い回しを覚えるのにも役立ちます。

聞き取る力を付けるには、自分で実際に発音してみることも大事です。英語の歌詞を見ながらアーティストと一緒に繰り返し歌うことで、発音の練習にも音を聞き取る練習にもなりますから一石二鳥です。こんな方法でも英語が勉強できることを、子どもたちにぜひ伝えてください。

僕のドイツ語が中学生であと伸びしたきっかけ

モチベーションがなければ勉強しようという気持ちにならないのが人間です。英語の勉強に限りませんが、親がやらせようとしてもやる気のスイッチが入らない限り、子どもは進んで勉強しようとしないでしょう。

今でこそ偉そうに「12ヵ国語が話せます」と言っている僕ですが、親の希望で6歳からドイツ語を学ばされたときは、ほとんどと言っていいぐらい身に付きませんでした。なぜなら、ちっとも興味がなかったからです。

当時のドイツ語の先生は同じ街に住んでいたドイツ系ハンガリー人で、真面目だけれど無味乾燥を絵に描いたような人でした。我が家に週1回来て1時間教えてくれたのですが、やることは簡単な文法を教わり、わからない単語や新しい単語を教えてもらって、宿題としてそれらを3回書き写すといったものでした。

僕はと言えば渋々やっている状態で、足の骨を複雑骨折して2週間入院し、ベッドの上でまったく身動きが取れないのにその先生が病院まで来てレッスンを続けたときは、心の底から「そこまでやるの!? 勘弁してくれ〜」という気持ちでした。

熱心な先生だったわけですが、では僕のドイツ語力が伸びたかというと全然です。頭が悪かったわけでもないし、宿題としてやらなければならないことはやった真面目な生徒だったと思いますが、ちょっとした発音やドイツ語の知識は身に付いたものの、それ以上にはなりませんでした。当時の僕はドイツ語にそれほど関心がなく、ドイツ語を学ぶ必要性も感じていなかったからです。

その後も、中学生のときまで何回か違う先生にドイツ語を教わりました。しかしドイツ語への興味や関心がない状態が続いて、ドイツ語のレベルが大きく向上することはありませんでした。

すべてが変わったのは高校に入る前、日本で言う中学3年生の夏休みです。

ハンガリーの夏休みは2ヵ月以上あり、毎年その時期はハンガリー随一の行楽地バラトン湖のほとりにある、我が家の小さな別荘で過ごすのが習わしでした。その別荘に、オーストリア人の若い夫婦が4歳の子を連れて3週間ほど遊びに来たのです。

小さな別荘ですから部屋数もなく、両親は週末だけ来て過ごすような状況だったので、客の相手は必然的に僕がすることになりました。彼らはハンガリー語が一言もできなかったため、僕が拙いドイツ語で対応するしかありませんでした。

３週間の間は、毎日ご主人とカードゲームをしたり、奥さんと買い物に行ったり、子どもと遊んだり、みんなとバラトン湖の周辺を観光したり、レストランで食事をしたりして過ごし、奥さんからドイツ語を教えてもらい、詩を一緒に朗読したりもしました。

僕にとって、その一家は共産圏ではない自由な国から来た初めての人たちで、一緒に過ごす中で自由で楽しい彼らの人生観を知ることはとても新鮮でした。それに単語や言い回しをたくさん覚え、聞き取りもできるようになって、「もっとドイツ語を勉強しよう！」とドイツ語熱に火がつきました。もちろん、それまでの基礎の積み重ねがあったからではありますが、その３週間で僕のドイツ語能力は飛躍的に伸びたのです。

興味を持ったときに教えるのが力を伸ばす近道

彼らとの毎日は、それまで「つまらないし、何の役に立つの？」と思っていたドイツ語への見方を一変させたといっても言い過ぎではありません。彼らが帰った後も奥さんが残していった数冊の本を読み返したり、ドイツの詩人シラーの詩集を暗記したりして過ごし、この夏休みを境にドイツ語を熱心に勉強するようになったのです。

こうした経験から言えることは、関心が高まれば人は自ら進んで学習するようになるということです。逆に、やらされているうちはあまり伸びていかないのです。小さいときの僕のドイツ語の勉強と一緒です。

英語の勉強も、親がいくら「早くからやらせなくちゃ」と思ったところで、興味がないものをいくら詰め込んでも勉強の効果は得られないでしょう。

これは、皆さんのお子さんが、何か新しいことを学んでいったときのことを思い出していただければわかると思います。生き物でも文字でも何でも、興味や関心を持ったときほど吸収する力を発揮するのではないでしょうか？　語学の勉強も、本人が興味を持ったときに一所懸命教えるのが、力を伸ばす一番の近道なのです。

幼児のうちは英語教室にわざわざ通わせなくても、道を歩いているときに「あの看板には何て書いてあるの？」と訊かれたら教えてあげる。それだけでも十分です。もう少し成長して学校での勉強が始まったとき、英語が嫌にならないように、下地として英語への興味や関心を持たせてあげる程度に考えてみてはどうでしょうか。

外国語習得は上塗りを繰り返す「壁塗り」と同じ

親主導で熱心に子どもに勉強させることを僕が疑問視するのは、他にも理由があります。

小さいときにたくさん勉強させることは、子どもから〝子ども時代〟を奪うことになりかねないためです。

子ども時代を毎日元気に楽しく過ごせることほど、人間の健全な成長に大切なことはありません。だから小さい子には精神的に明るく、のびのびとした元気な存在でいてほしいのです。

小さい子の学習の場は毎日の生活の中にあります。アルファベットを覚えさせたり、英会話教室で外国人の先生に教わったりするよりも、幼児の間は毎日の生活の中で、いろいろなことを体で覚えていくほうが大事だと信じています。

僕は散歩が大好きで、天気が良い日はよく近所を歩きます。歩いていると同じように散歩中の園児たちと出会います。最近は引率の先生の中に、外国人がいるグループをあちらこちらで見かけるようになりました。子どもたちに英語で声をかけて、ちょっとしたゲームをやらせたりしていますが、見ている限り子どもたちの反応はいま一つです。その先生を怖がっているとか嫌がっているとかではないけれど、特に英語を使いたいと思っているわけでもないことがわかります。

親御さんとしては、そうした環境を用意してあげることで英語の力が付くと考えて入園させているのでしょう。でも、ここまで繰り返してきたように、それだけで子どもの英語のレベルが上がるわけではないのです。

ハンガリーにもドイツ語の幼稚園が各街にありました。なぜドイツ語かというと、ハンガリーは歴史的に隣国のオーストリアと深い関係にあり、その向こうのドイツは大国で、ハンガリーの一番の貿易相手という地理的・経済的関係があるからです。そのため子どもたちにドイツ語を学ばせたいと考える大人が多く、僕の友人や知り合いにもドイツ語の幼稚園に通っていた人がたくさんいます。

ではその後、学校に入ってドイツ語の授業が始まった際、ドイツ語の幼稚園に行っていた子のほうができたかというと、そのようなこともなかったのです。

園児のときに異なる国の人に会ったり、異文化に触れたりすること自体は子どもの世界を広げることになると思います。けれども語学レベルを上げていくには、子ども自身が地道に努力するほかありません。覚えたことを忘れないように何回も復習したり、練習したり、つねに学習し続けないと駄目なのです。

「自分自身、英語ができなくて苦労したから子どもには苦労させたくない」という親の声を耳にしますが、苦労なしに何かを身に付けることはやはりできません。苦労させたくない気持ちはよくわかりますが、努力なしには何事ものにならないでしょう。

外国語の習得には、忘れないように何回も繰り返す、自分のものにできるまで何度も練習するといった積み重ねが必要です。何回も何回も上から漆喰を塗り直して、漆喰の層を厚くしていく壁塗りと同じと考えてください。一回塗っただけでは、もろくてすぐにボロボロと剝がれ落ちてしまうでしょう。きれいな壁に仕上げたいなら、剝がれる前に塗り直して壁を丈夫にしていくしかありません。

英語と日本語が話せるだけではバイリンガルになれない

もう一つ気になるのは、英語教育に熱心な親の中に、子どもをバイリンガルにしたいと望んでいる方が多いことです。でも英語も日本語も話せるというだけでは、バイリンガルにならないと僕は考えています。僕が定義するバイリンガルとは、どちらの言語も母国語のレベルで使えることです。

例えば中学までは日本でその後ずっとアメリカ暮らしという場合、その後も日本語を磨く努力をしていないと、日本語レベルは中学生止まりになります。もし日本に戻ってきたとしても、中学生レベルの日本語では社会人として通用しないでしょう。

僕が正真正銘のバイリンガルと考えている一人に、モーリー・ロバートソンさんがいます。テレビのコメンテーターとしてご存じの方も多いと思いますが、彼はアメリカ人の父と日本人の母を持ち、小中高と日本とアメリカを行き来して、日米双方の教育を受けました。１９８１年に東京大学、ハーバード大学、スタンフォード大学、ＭＩＴといった名だたる名門大学に同時合格して、当時大きな話題を呼んだそうです。

東大を日本語で受験して合格するほど日本語が達者なモーリーさんですが、その彼ですら今でも日本語ノートを作って勉強し続けています。彼のような努力を続けなければ完璧なバイリンガルにはなれませんし、言葉は磨き続ける努力を重ねないと、どこかでレベルが止まってしまうものです。

僕の大好きな四字熟語に「駑馬十駕《どばじゅうが》」があります。

これは「才能が足りなくても絶えず努力をすれば、やがては才能のある者と肩を並べることができる」という意味です。「駑馬」とは脚の遅い馬のことで、駿馬《しゅんめ》は一日で千里を走れるが、たとえ脚の遅い馬でも十日かければ同じ距離を行くことができるとの中国の思想家の荀子《じゅんし》の言葉からきています。つまりコツコツ努力さえしていれば、いつか必ず目指すところに到達できるということを言い表しているのです。

英語力も絶えず努力するからこそ上がっていきます。「苦労させたくない」「バイリンガルにしたい」から、英語を早いうちにやらせておこうと考えても、その後の勉強の積み重ねがなければ親が望むような結果にはつながっていかないのです。

ですから、そうした親心は手放して、子どもがどうしたら英語に興味・関心を持つか、自ら「もっと頑張りたい」と思うようになるかを考えてあげるべきです。

親がやるのは〝きっかけ〟を与えること

子どもが英語に興味を持ったり、英語の学習を頑張りたい気持ちになったりするきっかけを作る。これが親のしてあげられることです。

ただし、英会話教室に通わせれば済むわけではありません。勉強へのモチベーションを持たせるには、子ども自身が「面白い」と感じたり、「もっと上手になりたい」「英語が話せたら楽しい」と向上心に火がついたりする体験があったほうがいいのです。

最も効果的なのは、生身の人と触れ合う経験です。例えば、海外旅行に連れて行って外の世界を見せてあげるのも一つの方法でしょう。留学もあるかもしれません。ただし本人が望めばですが。あとは、外国の人をホームステイさせるというやり方もあります。

日本人の友人の一人は、両親がオーストラリアからの留学生を受け入れたことが、英語に関心を持つきっかけだったと話してくれました。当時彼は小学1年生で相手は大学1年生でしたが、一緒に野球をやったり週末に出かけたり、年の離れた兄弟のように仲良く過ごしたことが英語への興味につながり、「もっと英語を話せるようになりたい」との気持ちを育ててくれたそうです。

僕がオーストリア人夫婦と触れ合うことでドイツ語熱を高めたように、英語圏の人たちの考え方や文化に直接触れることは、子どもの英語熱に火をつける恰好のきっかけになるでしょう。

海外旅行や留学となると数十万円のお金が必要になりますが、留学生の受け入れは空いている部屋さえあれば可能です。食費や水道光熱費はちょっと増えてしまうかもしれないけれど、海外留学などに比べたら安いものでしょう。

留学生を受け入れることのメリットは、一定の期間にわたって生活を共にできる点です。1ヵ月でも3ヵ月でも半年でも、異文化を持つ人と同じ屋根の下で暮らすことで、そこから受ける刺激も多くなります。子どもにとって代えがたい体験になるはずです。

一つ気を付けるとしたら、英語にこだわるのであれば受け入れる留学生は英語圏の人のほうが望ましいということです。異文化に触れさせることが目的なら、タイでもナイジェリアでもハンガリーでもフィンランドでも、どこの国の人でもかまいません。しかし英語に触れさせたいということであれば、アメリカ、イギリス、オーストラリア、ニュージーランドなど英語圏の人のほうがいいと思います。

それは英語の発音が良いからということだけが理由ではありません。日本に留学で来る外国人は、日本語や日本の文化を学びたいと考えている人がほとんどです。英語圏以外の国の人も第2言語として英語を習得している人は多いのですが、日本語を学びに来ているので、受け入れ先の家族とも日本語でやり取りしたいと考えている場合が多いからです。

英語のできるフィンランド人の女性を2ヵ月ほど受け入れた知り合いがいますが、彼女の目的は日本語を学ぶことだったので、ホームステイの間はほとんど英語を話さず、日本語での会話が多かったと言います。フィンランドという国を知る上では良い機会になったけれど、英語力の面ではほとんど得るものはなかったそうです。

日本語だけ使いたい、基本のコミュニケーションは英語で取りたいなどは人によって違いますが、相手にも英語を使ってもらうほうが楽だと考えている割合は英語圏の人ほど多いので、その分英語に触れる機会も多くなります。

それはさておき、留学生の受け入れは、子どもに英語への興味を持たせるきっかけ作りとして、お勧めしたい方法です。覚えた英語で話してみたら通じた、面白い言い回しや表現を教えてもらった、簡単な会話だけど英語でやり取りできた。そんな体験をすると英語が楽しくなるでしょう。

最後に、僕が英語を勉強しようと思うようになったきっかけをお話ししておきます。それは雑誌でした。

16歳のとき、両親がアメリカに出かけることになって、お土産は何がいいかを聞かれました。そこで迷わず『プレイボーイ』を頼んだのです。友達から、アメリカにこんな雑誌があると聞いていて、ぜひ見てみたいと思っていたのです。雑誌名を見て、今眉をひそめている方もいるかもしれませんね。でも、当時は16歳の年頃の少年だったことを考慮して、ここは目をつむってください。

両親も「それは持ち込み禁止だろう。他のものにしなさい」と渋い顔でした。それでも再三再四にわたっての僕の懇願に負けて、アメリカから何冊か持ち帰ってくれたのです。

最初は生まれて初めて目にする女性のグラビア写真にぽーっとなっていました。そのうち記事の内容が気になり始めて、どんなことが書いてあるのかを知りたくなり、辞書と首っ引きで読み進めました。雑誌に載っていたのは政治や車、ファッション、スポーツといった話題で、自由の国アメリカの雰囲気が伝わってくるものばかりでした。

実は、それ以前に英語を勉強したことがありました。中学生のとき、英会話教室に3ヵ月ほど通っていたのです。けれどもドイツ語を勉強したときと同様、勉強していて楽しいと感じず、ハンガリーにアメリカ人やイギリス人が来ることもほとんどありませんでしたから、英語を勉強する意義が見出せなくて、途中でやめてしまっていたのです。

その下火になっていた英語熱に、再び火をともしてくれたのが『プレイボーイ』だったわけです。自由世界の話をもっと知りたくて、図書館で俗語辞典まで調べながら、1ヵ月かけて手元にあった数冊をすべて読み切りました。おかげで単語をたくさん覚えることができて、僕の英語力はかなり伸びたのです。

『プレイボーイ』がどんな種類の雑誌だったかはさておき、伝えたいのはこのようなことも英語に興味を抱かせるきっかけにできるということです。中学生や高校生ぐらいになったら、子どもが関心を持ちそうな分野の英文雑誌を用意しておくのも、親にできることの一つでしょう。

学んでいるものが実益につながったり、英語を学ぶ意義を実感できたりする。自ら学びたい気持ちを高めるため、そのような機会をいろいろ作ってあげてください。

第1章 まとめ

◆幼児期は英語や算数の勉強よりも先に日本人としてのルーツをしっかり育ててあげよう

◆日本の子どもたちにとって一番大切な言語は英語よりも母国語である日本語

◆豊かな日本語力が育っていると英語を学んで使うときにも大きなプラスになる

◆小さいときの英語は「慣れさせる」ことを目的に。本格的な英語の勉強は小学生、それも高学年になってからで十分間に合う

◆本人が興味を持ったときに教えるのが語学力を伸ばす一番の近道

◆大事なのは、ネイティブのような発音ができることよりも「聞き取る力」を付けること

◆親がしてあげるべきは、子どもが英語に興味・関心を持つ〝きっかけ〟を作ること

第2章

小さな子どもの「好奇心」と「考える力」を大事にしよう

かつての日本人は好奇心旺盛だった

最初に日本に来て感じたのは、人のエネルギーのレベルが非常に高く、また好奇心がとても強いことでした。

もちろん全員そうだったわけではありませんが、公園のベンチに座ったりファミレスで数学の論文を書いたり駅のホームで電車を待っていたりすると、よく声をかけられました。「お国はどこですか?」「日本で何をしているのですか?」と。そしてこちらも日本語を少し話せるとわかると、日本の印象や外国との違いなどについてどんどん質問されました。何かを売りたいわけでもなく、純粋に好奇心を満たしたいだけの目的のようでした。

日本人はアメリカ人にもかなり友好的なイメージを持っているようです。確かにアメリカでは現地のバス停で待っていると、必ずと言っていいほど「Where are you from?」と声をかけられました。ただし「ハンガリー」と答えると、「それはどこ? アフリカ?」と返されて、それから自分のことを必死に語り始めます。

その点昔の日本人は「首都はブダペストだよね」「きれいな街ですよね」と言ってくれて、あんなに小さな国でも多くの人が知っていることに喜びを感じました。

少なくとも30年前の日本の人々は、海外について知らないことを知りたいといった気持ちが強かったように記憶しています。

ところが、現在は変わってしまったようです。最近は、講演会で子どもたちにハンガリーがどこにあるのか、首都がどこなのか、ドナウ川を知っているか尋ねても知っている子がほとんどいなくなり、かなり寂しさを感じています。

インターネットの発展などで、今は前よりも情報がたくさん、簡単に収集できる時代です。僕という人物について、どんな人なのか、出身はどこでどんなところなのかなど、調べようと思えばすぐにいろいろなことを調べられます。けれども未知のことを知ろうとする、関心を持つということが少なくなっているようです。

これは子どもに限らず、大人にも言えます。海外への関心がまったくないはずはないけれど、調べるための時間や気力が消えたような気がします。そのことに僕はものすごく危機感を抱いています。日本人の好奇心は以前と比べてうんと浅くなっている、かなり内向きになったと実感することが増えて、残念でなりません。

内向き傾向の例を一つ挙げるとするなら、テレビや本で急速に増えた「日本は最高」の論調です。日本はこれだけすごい国なんだ、日本人はこんなに素晴らしいんだといった声高な主張にあちこちで出合うようになりました。30年前にはほとんどなかったことなので、まさに近年の風潮といってよいでしょう。

僕ももちろん「日本は素晴らしい」と思っています。日本人の優秀さも知っています。だから日本に住んでいるのですが、日本だけがそうというわけではないのです。四季がある国は日本以外にもたくさんあり、イタリアやスペイン、フランスの料理もおいしいし、海外の人たちの中にも優しくて面白い人はたくさんいます。

これだけ世界が身近になっているのに、日本のことにしか目を向けない、日本だけが素晴らしいと内向きな態度が強まるばかりでは、日本にとっても日本人にとっても損失が増えていくことにならないか。正直、そんな懸念が拭えないでいます。

「井の中の蛙《かわず》大海を知らず」という言葉があります。この先の子どもたちが生きていく社会を想像すると、狭い世界観では通用しなくなっていく場面が増えるでしょう。広い視野や考え方を持つことは、今以上に求められるはずです。日本から外に出ず日本の中で生きていくことになったとしても、海外のことまで含めて世の中を知っているほうが、間違いなく充実した人生を送れる時代になっていきます。

親である皆さんにぜひとも覚えておいてほしいのは、広い視野や考え方を持つ上で大切な要素となってくるもの、それこそが好奇心であるということです。

自分にとって未知なものに触れたとき、それをもっと知りたいと思う。こうした気持ちが多いか少ないか、何に興味を示すか、そこは人によって差があるかもしれません。けれども、好奇心そのものを失ってしまったら、間違いなく人は成長が止まります。

幸いなことに、小さいうちはほとんどの子が好奇心の塊です。それをどう潰さず、大切に持ち続けさせてあげられるかは、親の育て方次第と言えます。皆さんには、子どもの好奇心をどんどん増やしていってあげられる親であってほしいのです。

人間の本当の財産は頭と心にある

講演会では父の教えについてよく話をします。両親が与えてくれた大切な教えはたくさんあるのですが、その中でもずっと信じ、大事にし続けてきた言葉は、父の「人間の本当の財産は頭と心にある」です。

ユダヤ人の両親は、第二次世界大戦中にナチス・ドイツによって辛酸な体験をし、戦後、ソ連の影響下で共産主義が強まっていく間も辛い思いを味わいました。両親共に医師でしたが、どれほど財産があっても役には立たなかった経験から、父は「真の財産は頭と心にある」と僕たちに教え続けてくれたのです。

頭の財産とは、物事を思慮できる能力だけではなく、覚えた知識のすべてを含めています。その中には仕事で求められるさまざまな技能も入ります。

心の財産についてはなかなか一言では言い表せないのですが、僕自身は親が見せる手本となる姿や良い友人関係、出会いなど、さまざまな人との関わりから得られるものと考えています。例えば、どんな信条を大事にするか、何を行動の指針とするか、頼ったり頼られたりする相手がいるかといった心の糧にできるものと言えばよいでしょうか。

お金がたくさんあること、いい車や家や服を持っていること、こうした物質的な財産は、状況が変われば簡単に失われてしまうでしょう。手に入るかどうかも、必ずしも自分一人の力だけで何とかなるわけではありません。今のような格差社会においては、お金持ちの家に生まれるか、そうではない家に生まれるかで、そもそもの人生の出発点から差が出てしまいます。仕方がないこととはいえ、物質的財産において世の中は、人間みな平等にはなっていないのが現実です。

そんな中にあって、頭と心の財産だけは、自分の努力次第でいかようにも増やしていくことができるものです。社会状況がどう変わっても、一度手にしたこの財産を失うことはありません。しかも、この財産が増えていくほど生きる力も強くなっていきます。

親が子どもに持たせてあげるべきは頭と心の財産であり、これを増やしていく原動力となるのが向上心と好奇心です。これが強くなければ、新しいことを勉強する意欲も時間もエネルギーも持つことはできないからです。

子どもに教えたいのは「知識を持つ格好よさ」

では生まれつきの好奇心を保つためにどんなことが大切かと言うと、「何が格好いいか」を子どもに教えることだと考えています。

もちろん有名ブランドのスーツや高級車、一等地の庭付きの一軒家、これらもみんな格好いいことに入るでしょう。でも親が教えてほしいのはたった一つ、知識の格好よさです。いろいろな物事を知っていることは格好いいと子ども自身が思えるようになると、親があれこれ言わなくても知りたいことを勉強する子になっていってくれます。

それこそ今は、無料でいくらでも情報を手に入れることができる時代です。インターネットで調べたり、図書館から本を借りたり、知識を持つ人から話を聞いたり、自分で考えたり、お金をかけずに知識を増やす手段はいくらでも見つかりますね。

子どもたちには、進んでいろいろなことを調べ、頭の財産を増やそうとする人になってほしいというのが僕の率直な思いです。でも、それには親である皆さんの努力が欠かせません。具体的に何が必要かというと、「なぜ？」という一言への対応をする努力です。

先ほど、小さいうちはほとんどの子が好奇心の塊だと言いました。実際に皆さんも我が子から「なぜ？」「どうして？」「何でこうしないといけないの？」と、ことあるごとに訊かれて、うんざりした経験をお持ちではないでしょうか。

そこで、疲れているし面倒くさいからと「そうだからそうなの」「そう決まっているから」など逃げるような答えをしていると、そのうち子どものほうも「訊いたって仕方ない」と思うようになり、いろいろなことに対して興味や関心を示さなくなっていきます。その結果、好奇心の芽が潰れてしまい、物事を考える力も育っていかなくなります。

子どもが抱く疑問には、どんな小さなものでも、答えることが難しいものでも、忙しくて手が離せないとしても、まずは真摯に向き合ってやることが親の務めです。その場ですぐに答えることが難しかったら、「わからないから一緒に調べよう」「あなたはどう思う?」でかまわないと思います。

父の話をさせてもらうと、小柄でお腹も出ていて、髪の毛は薄く、着ている服も質素で、とても映画スターみたいに素敵だとは言えませんでした。けれども僕にとっては、小さい頃から今に至るまで変わらず「格好いい父」で、尊敬の対象です。なぜそう思っているかと言うと、大変な勉強家で、歩く百科事典と呼んでいいほど、誰もが認める広範で深い知識の持ち主だったからです。

僕が目にする父はいつも医学論文や難しそうな本を読んだり、タイプライターで論文を打ったりしていました。けれども勉強でわからないところや疑問があって質問すると、読書や執筆を直ちに中断して喜んで答えてくれました。自分にもわからないことは、「明日、図書館に行って一緒に調べよう」と言って、図書館で自ら本を探し、調べて納得してから教えてくれました。今思うと、そんなときはいつもより目がキラキラしていましたから、調べることを僕以上に楽しんでいたに違いないと確信しています。

このように何を訊いても嫌な顔一つ見せず、嬉々として答えてくれる父がいたことは、好奇心が芽生える土壌を育ててくれました。父が見せてくれた姿は、知識を持つことの格好よさを僕の中に根づかせてくれたとも思っています。

こうした自分自身の体験からも、子育て真っ最中の親御さんたちには、子どもの質問をないがしろにしないでほしいと言いたいのです。

考える力のある子にしたいと願っているならなおさらです。好奇心を涸《か》れさせてしまうような対応をしてはいけません。

好奇心をどんどん伸ばす方法

ちょっと周りを見回していただくと、好奇心を刺激できる材料はいくらでも転がっていると思います。それこそ看板の文字でも、料理でも、道端の草花でも、旅行でも、身の周りや生活の中にあるどのようなものも使うことができます。

しかし、それらを上手に活用していくには、親が自らも興味や関心を示し、その姿を子どもに見せて導いていくことが大切です。親自身が、これについて知りたい、もう一度学びたい、ちょっと深入りして調べてみようかなという気持ちにならなければいけないと思います。

子どもの好奇心を伸ばす秘訣は、「子どもと一緒に親も楽しむ」のひと言に尽きるでしょう。しかも小さい年齢のときほど、この方法はよく効きます。中学生、高校生になると親との距離をとりたがるようになりますから、いくら水を向けて引っ張ろうとしても話すら聞いてくれないかもしれません。

ですから、小さいうちが勝負です。親が率先していろいろなことに疑いや興味を持ち、子どもをそこに巻き込んでいくこと、あるいは子どもが興味・関心を持っている世界に一緒に入っていくことを大切にしてほしいのです。

子どもが不思議に思っていることに自分も関心を持ち、一緒にいろいろなことを調べていくと、子どもだけでなく親の好奇心も大いに刺激されるはずです。結果的に親自身も賢くなっていけるという、嬉しいおまけが付いてきます。

どんなものでも深入りすれば必ず面白くなることは、僕が責任をもって保証します。研究活動と同じで、庭に生える雑草だって、ちょっと観察してみると場所や季節で出てくるものが決まっていて、雑草同士のせめぎ合いなんかがあることもわかります。邪魔な草と思っているうちは気付きませんが、意識を向けてみると思いもよらぬ世界が広がっているのです。

日常目にしているもの、聞き流しているようなことでも、「これってどうして?」と疑問を持って調べてみることで奥深い世界に触れることができ、それまでの見方がガラリと変わる経験ができます。これは本当にわくわくします。

「つまらない」を「おもしろい」に変える工夫を

もう一例挙げるなら、皆さんが日ごろ当たり前のように使っている漢字も、その奥には深い世界が広がっています。

海外から来た人間にとって、漢字が日本語を学ぶ際の大きな壁になってしまうのも、その奥深さゆえなのです。実際、知り合いの外国人の多くは「漢字は複雑で難しいから諦める」と、早々にギブアップを宣言していました。

よくご存じのとおり、漢字の読み方は一つではありません。ここが外国から来た人間には、越えるのが大変なハードルになってしまいます。例えば、日本の総理大臣には「菅総理大臣」が2人いますが、1人は「かん」、もう1人は「すが」と読みます。「菅野」さんも、「すげの」なのか「すがの」なのか「かんの」なのかは、漢字を見ただけでは判別できません。

日本語の発音は仮名の50音しかないので、仮名はそのまま読めば通じます。ところが、漢字は一筋縄ではいきません。

僕も日本に来て、日本語を習得する上で一番苦労したのが漢字でした。何しろ「百」を素直に「ひゃく」とだけ覚えていたら、百恵ちゃんも百合も八百屋も正しく読むことはできないのです。そんな漢字の複雑さに直面したときは、愕然としたものです。

でも、そこで面倒くさいと思ってしまったらおしまいです。楽しく覚えたいと考えて僕がとった方法は、漢字パズルを解くことでした。最初は子ども向けのものから始めて次第にレベルを上げていき、問題を解けるようになるにつれ、どんどん「漢字は面白い!」と思うようになったのです。ちなみに魚の漢字を覚える際には、寿司屋でよく使われている湯飲みにも大変お世話になりました。

字を覚えるため、日本の子どもたちは何回も何回も書き取りをします。読み方に関しても学校で学びます。繰り返しの勉強は覚えるための良い訓練になると思いますが、これでは漢字の面白さを知るところまではいかないでしょう。

かたや日本の人の名前や地名には、独特の読み方がたくさんあります。そこには、住んでいた環境や地形など、その名前になった理由が何かしらあるものです。「田中」なら、田んぼの真ん中に住んでいたからその苗字にしたのかもしれませんし、「富士見坂」ならその名の通り、坂から富士山がよく見渡せたから付いたのでしょう。

クイズにもよく出てくる難読苗字、難読地名なんてものもありますね。例えば、「四月一日」と「四月朔日」。皆さんは何と読むかわかりますか?

答えはどちらも「わたぬき」です。他に「綿貫」という苗字があることからもわかるように、冬着の綿を旧暦の四月一日に抜いていたことが由来になっているそうです。

近所を散歩して表札を眺めて歩いていると、こうした不思議な苗字に出合うことが結構あります。親子で散歩しながら、この苗字は何て読むのかを当てっこするだけでも、子どもの好奇心をくすぐっていくことができるのではないでしょうか。それまで「安野」を「やすの」だと思っていたお宅が、実は「あんの」だったとわかったりすると、それだけで「安」には2つの読み方があると子どもに教えられます。

漢字そのものも、成り立ちを調べると「そうだったのか!」となるものがいっぱいあります。ただ単に「この漢字はこう読むんだよ」と教えるだけでは子どももつまらないですし、楽しくなければ好奇心は湧かず、知ることの面白さも体験できないままです。

最近の世論調査によると、小学生以上の子どものうち、「勉強はつまらないもの」と思っている子が過半数を占めているそうです。背景には、学校教育が勉強をつまらないものにしてしまっている事情もあるでしょうが、そもそも「学ぶことは楽しい」と感じた経験が少ないことも関係しているのではないかと僕はにらんでいます。もしそうだとしたら、これほどもったいないことはありません。本来、勉強して知らなかったことを知るのは非常に楽しいものだからです。

ですから、親が主導して学んだり知ったりする楽しさを感じさせてほしいと思います。方法もけっして難しくありません。魚に平と書いてヒラメと読むと教えてあげたら、実際にヒラメがどれだけ平らなのかを写真で見せたり、クジラは鯨と書くと教えたら、でも本当は魚ではなく哺乳類であることを教えたり、漢字の成り立ちの理由や謂《いわ》れ、歴史や背景などを親がプラスアルファで話してあげればよいのです。

親も楽しみながら勉強し、子どもが疑問に思ったことに答えてあげる、あるいは親自身が面白いと思ったことを子どもに話してあげる。そのようなことを小さいときにたくさん積み重ねていくと、子どもは未知のものを知る楽しさを味わえます。それが好奇心の源になり、また何か新しいことを知りたいと思う、知るとまた好奇心が湧いてきて、新たな知識が増える、こうした好循環につながっていくのです。

テレビを見せるときの注意点

好奇心を育てる上では、もう一つ親御さんに努力してほしいことがあります。何事にも疑問を持つ姿勢を子どもの中に育てていくことです。何かを見たり聞いたり読んだりして、時には、「これって本当にそうなのかな?」と疑いを持ち、そこから自分で調べ、考えていける子にしておくと、確かな知識を増やしていくことができるようになるからです。

特に意識してほしいのが、テレビからの情報です。クイズ番組やレポート番組などは、観ていて興味がそそられたり、「へえ!」と思うようなことも出てきますが、そこで紹介されているものは情報の断片でしかありません。

例えば、番組でアフリカのある国について紹介されていたとしましょう。けれどもそれは全体の一部です。アフリカには50以上の国があり、国柄も宗教も生活様式も言語も社会情勢もいろいろです。その番組の情報だけで「アフリカはこう」と言い切ることはできません。ですからそこで「アフリカはみんなそうなのか」と疑いを持ち、一歩踏み出して調べてみることでさらに面白い事実を発見できる。それが好奇心を育む上で大切なのです。

テレビで観ているものは情報の一部で、知識を広げていくための入り口に過ぎない。このことを親が理解しておき、観たものを足がかりに子どもを誘って調べたり、自分が知っている情報を積極的に教えてあげたりすることを大事にしてほしいと思います。

またテレビやラジオ、新聞のニュースは、子どもの知的好奇心を伸ばす最適な材料となってくれます。ただし、ここでも親の働きかけは欠かせません。

例えば僕は毎日ラジオを聴いていますが、冬になると連日のように火事のニュースが流れます。日本のどこそこで火事があり、焼け跡から遺体が見つかり、行方不明になっている住人ではないかとアナウンスが続き、最後はほとんどが「現在警察と消防で火事の原因を調べています」で締め括《くく》られます。

ところがその後、火事の原因が何だったかが後追い報道されることは、まったくと言ってよいぐらいないのです。２０１６年に、新潟県糸魚川《いといがわ》市で１５０棟近い住宅が焼けた大火事がありましたが、せいぜいその火元がラーメン屋だったとわかっている程度です。

火事があった事実は報道されるけれど、何が原因だったかまでは知らせてくれない。この点に疑問を持てば、何が原因かを調べたくなります。一つひとつのケースを調べることは無理でも、消防庁が発表しているデータを見れば、出火原因の上位に何があるかはわかります。

僕も疑問を持ちました。そこで、火事の原因で何が多いのかを調べました。わかったのは林野火災まで合わせた全火災で、トップは「疑い」まで含めた「放火」だったことです。このように、ニュースで疑問に感じたことをちょっと調べるだけで知識を一つ増やすことができます。

さらに良いのは、その先どうしたらいいかを考えるきっかけにもできる点です。火事で言うなら、原因が放火とわかれば自分の家で怖い火事を起こさないため、もし放火を防ぐとしたらどんな方法があるかを子どもと一緒に考えることができますよね。

日常の中でこうした繰り返しをたくさんしていくことは、頭を存分に使う機会を増やしますから、賢い子にしていくための下地作りになってくれるでしょう。

付け加えると、調べたことを書き留めておけるノートを親子それぞれで作ることも、お勧めしたいと思います。

調べたことはどこかに残しておかなければ、すぐに忘れてしまうのが人間です。ですから書いて残しておくとよいのです。書くのが苦手なら、スマホに専用のファイルやフォルダを作るやり方でもかまいません。

手を使うことで記憶に刻み込まれやすくなりますし、あとから読み返すことで再確認もできます。またページが増えていくことは、自分の知識がそれだけ増えた証しです。それがひと目でわかれば自信にもなり、調べることへのモチベーションにつながっていくでしょう。

ゲームは考える力と集中力が身に付く

誤解がないように言っておくと、僕が言っている賢さとか頭の良さは、学校の勉強ができることだけを指しているわけではありません。

頭がいい人と聞いて多くの人はすぐに東大生を思い浮かべますが、合格に必要なのは主に優れた記憶力と情報処理能力です。頭の良さと一言で言っても、そこにはいろいろな能力があります。

僕が考えているところでは、例えば記憶力以外だと、物事を論理的に考える能力が挙げられます。因果関係があるかないか、本当にAならばBであるのかを筋道立てて考えられる力です。

それから、他の人は気付かないことに気付ける観察力も大事な条件です。創造性を発揮したり問題や課題を発見したりする際に、観察力があるかないかは大いに関係してきます。

そして、生きていく上でとても大切な判断力。人生の分岐点に直面したとき、どのような判断をするかでその後の生き方が変わることは往々にして起こりますね。それに気付かず決断できないと、状況を好転させる機会を逃してしまいます。

頭の回転の速い人も「頭がいい」と言われることがあります。尋ねられたことに打てば響くような速さで的確な答えを出してくる人、瞬時に正しい判断が下せる人は確かに頭がいい人と言えるでしょう。

頭の回転が速いと受験などの際は有利ですが、進路や結婚などを決めるときはデータを揃えて、時間をかけて考える分析力のほうが大切です。

ついでに、これらの力をどうすれば伸ばせるかに関しても触れておきましょう。

記憶力については、裏返したカードを2枚開いて同じ絵柄を当てていく遊びがお薦めです。代表的なのは、トランプを使った「神経衰弱」です。トランプカードでなくても、動物の絵柄や食べ物などを描いた手作りのカードでもいいと思います。

幼児には難しいかもしれませんが、小学生以上であれば東京23区を順番に言わせたり、47都道府県をカードにして、46枚を開け、残る一枚はどこかを当てさせたりするのもよいでしょう。ゲーム性があると、子どもは大乗り気で喜んでやってくれます。

同様に、論理的に考える力もゲームで付けていくことができます。手前味噌になりますが、お薦めしたいのは僕も開発に関わった『アルゴ』です。大人も子どもも楽しめて、なおかつ論理的思考力を鍛えてくれるゲームとして評判を呼び、学校や塾で教材として使用されています。

使うのは0～11までの数字が書かれた黒と白のカードです。それらをシャッフルして、5枚なら5枚とあらかじめ決めた枚数分を配り、手元に来たカードは数字が小さい順に左から右へ伏せて並べます。あとは、自分のカードを元にした類推と「そのカードは黒の3ですか」といった質問を繰り返して、相手のカードを交互に当てていきます。

ルールはシンプルですが、「相手のあの位置に黒の3があって、自分のところには黒の2があるから、あそこに置かれている黒のカードは1か0しかない」というように論理的に考える良いトレーニングになります。

観察力を養うのであれば、左右の絵の違いを見つける間違い探しゲームが使えます。それから、観察力と判断力を合わせて鍛えられる『SET』というカードゲームも効果的です。

これは81枚のカードからつねに12枚をオープンにしておき、その中からセットになる3枚を見つけていくものです。セットとなる条件がいろいろなので、12枚のカードを観察してどれが組み合わせられるか素早く判断し、相手より先に見つけていかなくてはなりません。

『アルゴ』や『SET』に関して詳しく知りたい方は、ぜひインターネットで調べてみてください。

さて、ゲームを使って頭の良さを鍛えていくやり方には、もう一つの利点があります。何をするにおいても欠かせない「集中力」が同時に養われる点です。

集中力があるかないか、発揮できるか否かは、何かをものにしたいと考えたときに大きく影響してきます。改めて言うまでもなく、勉強においてもスポーツにしても、良い結果を手にするにはどれだけ集中できるかが鍵を握ります。

親御さんからは「うちの子には集中力が足りない」との声をたびたび聞くのですが、基本的に集中力を一片も持ち合わせていない人間はいません。何かに夢中で取り組んでいるときは、どんな人も自然と集中力を発揮しているものです。

夢中になるということは、その物事をやっていて楽しい、面白いと思っているからです。ゲームはまさに、やっていて面白いものの代表格です。試しに、ゲームに熱中しているときの子どもを観察してみてください。ものすごく集中しているはずです。

遊びながら考えて頭の力を高めていけると共に、集中力を高める体験もできる。僕がカードゲームを推奨するのにはここにも理由があります。

これから必要となる頭の良さとは

知識を持つことの最終目的は、それを生活や人生に活かす知恵として使っていくことにあります。たくさんの物事を広く浅く知っていることも大事ですが、それが単に「多くの情報を知っているだけ」に留まると、せっかくの知識が宝の持ち腐れになってしまいます。テレビのクイズ王を目指すならいざ知らず、知識は増やすだけでは役立ちません。英単語をたくさん覚えても、使い方がわからなかったら役に立たないのと同じです。本当の知識の活用は、得た情報を元に「考える」ことから始まるので、小さなときからぜひとも子どもに付けてあげたいものの一つが「考える力」です。

自分が得た知識を、自分の人生を豊かにするため、あるいは困っている誰かの人生を幸せなものにするために使う。それにはどうしたらいいか、知識を総動員して考えて知恵を絞り、最適な方法を見つける。この能力がたくましく生きていく上で求められています。

そう考える根拠は明白で、この先の社会は今以上に頭の良さが求められていくようになるからです。現在の世の中も頭がいい人ほど有利ですが、子どもたちが大人になる頃はもっとシビアになっているでしょう。50年後の社会が実際にどうなっているかを、僕が自分の目で確認することは叶いません。けれども、現状から推察すればそのことは容易に想像がつきます。

何が求められるかは時代や社会の状況で変わります。戦争があったときは体が丈夫で健康であることが一番だったでしょうし、戦後の高度経済成長の時代は、長時間労働にも耐えられる精神力や体力の持ち主が有利だったかもしれません。

その後、経済成長を遂げてバブルを経験し、それが泡のようにはじけてからは、人とは違う発想力や企画立案力、問題解決力などが重視されるように変わってきて、それは現在まで続いています。そしてこの傾向は、人工知能（ＡＩ）の登場によってますます拍車がかかっていくでしょう。

というのも、ものづくりの現場ではすでにロボットが活躍し、それまで人間が行っていた作業のほとんどは取って代わられています。街を歩けば、電車に乗るのも、買い物での支払いもＡＩが相手をしてくれますし、自動運転車なども出てきましたから、バスやタクシーの運転もやがてはＡＩ任せになっていく可能性が濃厚です。人と人との触れ合いが売り上げに直結すると言われていた対面の仕事にも、少しずつＡＩが進出してきました。これらが意味することは何かと言うと、人間に求められるものがこの先はどんどん変わっていくということです。

親である皆さんは、その変化を見据えて子育てをしていかなければならないのです。自分たちが育ってきた時代の価値観は通用しなくなっていく覚悟を決めないといけません。「だったら、どうすればいいの？」と途方に暮れる声が聞こえてきそうですが、その声に答えるとするなら、「とにかく頭の良い子にしていきましょう」しかないのです。

力仕事や単純労働は、ここから先ますます減っていく一方でしょう。代わりに求められてくるのが、テクノロジーを使いこなして何を実現していくのかであり、そのために必要なのが先ほど挙げた論理的に考える能力、観察力、判断力、集中力の４つの能力ではないかと思います。

あるとき外科医の友人と話をしていて、「なるほどな」と思ったことがありました。「外科医に大事なのはどんなこと？　手術はものすごく繊細さと慎重さが必要だよね。ということはメスを正確に使えるような手先の器用さがあること？」と尋ねた僕に、彼は「いや、やっぱり頭が大切だよ」と即答したのです。

体内の複雑な臓器を前にして、神経や血管を傷つけないように患部を切除したり接合したりする外科医の能力は、手術の腕前で決まるといっても過言ではありません。だから単純に手先が器用であることが大事そうに思ってしまいますが、結果を成功させるには、どんな手術をして、どこをどうするのかを事前に綿密に考えておかなければなりませんし、手術中にいきなりの大出血や心拍低下のような緊急事態が発生したときは、即座に打つ手を考えて、瞬間的に対処することが求められます。

つまり、手を使って治療を行っているにしても、実際は頭を駆使しているわけです。

しかも最近は内視鏡などの精密機器をコンピュータゲームのように操作して行う手術が増え、細かい作業は機械がやってくれます。その分、手先の器用さ以上に戦略を考えたり、きちんと対策を立てたり、状況を見て分析や判断をしたりすることがますます重要になっていて、「だから頭の良さが一番大事なんだ」と彼は言うのです。

友人が話してくれたことは、あらゆる仕事に当てはまります。さらに言うなら、人生をどう創り上げていくかといった大きなテーマにも通用するものだと思います。

考える力のある子は逆境でも強い

ここで別の友人の話もしたいと思います。ロシア生まれでフランス語が達者なミシェルという名の友人は、常々「人間の目標は自分の馬鹿さを毎日減らしていくこと」と言っていました。

人間は完璧ではありません。いくら賢くてもコンピュータの能力に勝つことはできませんし、ちょっとでも学ぶことをやめたら、たちまち能力は停滞してしまいます。だから日々研鑽して自分を磨き続け、勉強を怠らずに少しでも賢くなる努力をしていかなければならない、というのが彼の口癖でした。

努力をし続ければ、少しずつかもしれないけれど必ず人は進歩します。それに気付いたときは嬉しくもなるし、もっと上を目指そうと向上心が湧くでしょう。

できないことやわからないことに直面して悔しい思いを味わったら、それをバネにしてさらに成長していけばいいだけです。最も良くないのは、今の自分より明日の自分をわずかでも賢くしていこうとする気持ちを持たなくなることです。

彼はまた、このような言葉も教えてくれました。それは「夏の馬鹿と冬の馬鹿」で、僕の大好きな言葉の一つです。

どういうことかというと、タンクトップやTシャツ一枚で過ごせる夏は、薄着である分その人の体型が見えやすくなり、自分の体に無頓着なのか、運動などで鍛えて大切にしているかも一発でわかります。頭の中身もこれと同じで、勉強することを厭《いと》う人は、ちょっと話すとすぐに「あ、この人は知性が足りていない」と見破られてしまいます。これが夏の馬鹿です。

一方で、冬になると何枚も服を重ね着して実際の体型がわからなくなるように、不足している部分をそれまでの体験から獲得した振る舞い方や話術、蓄えてきた知識や情報などで何層にも覆っているのが冬の馬鹿です。

人間の場合、若いうちは夏の馬鹿で、年を重ねると共に冬の馬鹿へと変化していくことが多いものです。とはいえ同じ冬の馬鹿でも、覆うものをどれだけたくさん重ねていけるかで生き方は変わります。どんな上着を重ねるかが影響してくるけれども、コート一枚だけ羽織るよりは、何枚も重ね着をして着ぶくれしていくほうが進歩につながっていくことは確かです。

でもそれには慢心せず、さまざまな物事に関心を持って知識をアップデートさせながら「これはどういうことか」と深く考え、「自分の馬鹿さを毎日減らしていくこと」に力を尽くさないといけません。

地球上の数ある生き物の中で、「思考する」「熟慮する」といった高度な知能を獲得したのは人間だけです。人間の強みは考える力を持ったところにあります。

皆さんも聞き知っていると思いますが、「人間は考える葦《あし》である」という大変に有名な箴言《しんげん》がありますね。フランスの思想家であり科学者でもあったパスカルの名言で、彼が残した正確な言葉は、「人間は一本の葦にすぎない。自然の中で最も弱いものである。だが、それは考える葦である」です。

水辺にある葦は、風が吹けば揺れたり倒れたりしてしまう弱い植物です。人間も同じように、広大な宇宙や自然の中にあっては弱い存在です。新型コロナウイルスのような感染症で命を落としたり、たった一発の銃弾で死に至ったりします。でも思考することによって、その弱さを克服することができます。考える力があるからこそ人間は偉大なのだと、パスカルは言っているわけです。

いろいろな困難を乗り越えたり打ち勝ったりできるのは、人間に考える力が備わっているからにほかなりません。だから面倒くさがらず、できるだけ楽しく深く物事を考えていく習慣を持つことが重要なのです。

疑うことが考える第一歩

考える癖を子どもに付けて、思考力を高めてあげたいと思っている親御さんには、ぜひとも心がけてほしいことがあります。疑ってみることの重要性を子どもに教えてほしいということです。

先ほどのパスカルと同じく17世紀フランスの著名な哲学者・数学者に、「我思う、故に我あり」（私は考える、だから私が存在する）の言葉で知られるデカルトがいます。デカルトは、絶対的な真理を発見するにはあらゆるものを一度は疑い、深く考えていく必要があると説きました。

わかりやすく言うなら、考えることは疑うところから始まる、何事も鵜呑みにしてはいけないということです。

なぜこれを大切にしてほしいと思っているかと言えば、前述したように、疑問を持つことで調べる行動につながり、そこから好奇心が刺激され知識を増やしていけるようになるというのが一つ。他には、間違った情報を遠ざけて、自分の身を危険から守れるようになること、差別や偏見を容易《たやす》く受け入れてしまうような行動を防げる点にあります。

これはあくまで僕の印象ですが、日本人はメディアの情報や大学教授、専門家と呼ばれる人たちの話を素直に信じ込んでしまい、疑うことをしない人が多いような気がします。

ここには聖徳太子の時代から「和をもって貴しとなす」が尊ばれ、村という単位の中で互いを信頼し、協力し合って農耕作業を続けてきた歴史的生活文化が関係しているのかもしれません。村社会では、嘘をついたり悪いことをしたりすれば村八分にされて生活が困窮してしまいますから、なおさら「そんなことをする人はいない」を前提とする考え方が浸透して、それが今でも続いているように感じます。

しかし、現代社会には嘘がたくさんあります。意図的にではなくても、間違った情報が流されていることだって少なくありません。政治家の嘘をそのまま何の検証もなく流すメディアのほうが多いですし、大手新聞やテレビの報道だからといって正しいとは限らないのです。

専門家や識者の言うことだから間違いないと、頭から思い込むのも考えものです。正しいことを述べている場合もあれば、とんでもない論を口にする人もいるからです。そもそも天気予報ですら、予測技術が前よりはるかに進歩したにもかかわらず、異常気象の影響などで100%正確に当てることはできません。

朝の天気予報で夕方から雨と言っていたのに、昼過ぎから降ってきてしまった程度なら大して困りませんが、「コロナはただの風邪と同じだからマスクはいらない」といった情報を信じてしまうと、下手をすれば命に関わることになり、取り返しのつかない事態を招いてしまいます。

ですから世の中に流れている話は、どれほどまことしやかに言われていようが、ちょっと疑ってみることが大事だと子どもに教える必要があります。

だからといって疑心暗鬼が良いと言っているのではなく、少なくとも自分の命や身の安全に直結すること、自分の利益や利害につながることは、「それはどういうことなのか。それをすることでどんな結果になるだろうか。この話自体の信ぴょう性はどのくらいあるのだろうか」と考えられる人にしていくことが必要不可欠なのです。

速く考えるより、ゆっくり考えるほうが大事

その際には、人間の考える回路には2つあることも話してあげるとよいでしょう。

2002年に認知心理学者でありながらノーベル経済学賞を受賞した、ダニエル・カーネマンさんという人がいます。この方の著書『ファスト&スロー　あなたの意思はどのように決まるか?』(早川書房　原題『Thinking, Fast and Slow』)には、人の思考回路には、直感や経験から判断する「速い思考」と、論理的に思考する「遅い思考」があり、意思決定に大きく影響していると述べられています。

関心を持った方はぜひ一度読んでみていただきたいのですが、興味深いのは、通常、頻繁に使われているのは速い思考、すなわちシンキング・ファストのほうで、それゆえに錯覚から正しい判断を下せない場合が少なくないと書かれている点です。

こちらの思考システムは言うなれば動物特有のもので、天敵に襲われた際は逃げるにしても、いったん闘うにしても、命を守るために素早く判断して動かなくてはなりません。「わあ、困ったどうしよう」ともたもたしていたら、致命的な被害を受けることになり、種の存続にも影響してしまいます。

人間の日常生活の中にも、瞬時の判断が必要とされる場面は無数にあります。危険を回

避するためのとっさの行動もそうですが、例えば電灯を点《つ》けるとか、数ある商品の中で値引きシールの付いているものを選ぶとか、普段はまったく意識していなくても、多くの物事を速い思考で処理して行動に移しているのです。

それには理由があって、小さなことまでいちいち熟考していたら日常生活は回っていかなくなります。ですから深く考えなくても、それまでの経験則や記憶などから自動運転できるようになっているわけですね。

ところが速く考えることには、正しい判断をしているつもりで、実際はそうではないことが多いといった大きな弱点があります。意外と思い込みや先入観が含まれていて、それらが間違った判断を選んでしまうことがあるというのです。

例えばオレオレ詐欺にしても、銀行や公的機関を装った振り込め詐欺も、これだけ警鐘が鳴らされているのに引っかかってしまう人が後を絶たないのは、速い思考の弱点を突かれているからなのでしょう。

○○銀行からの通知、地方裁判所と記された督促葉書などが届けば、その機関への信頼性が先入観となって疑う気持ちが薄らぎ、「早く対処しなくちゃ」という気持ちになってしまいます。いったん思考がそうなると、「いや、ちょっと待て。これは本物かな?」とじっくり考えることはなかなかできなくなります。

ちなみに、今これを読んで「そうした詐欺の被害はお年寄りに多い」と頭に浮かんだ方も、見事にシンキング・ファストの罠にはまっています。そう思ったのは、お年寄りに向けた注意喚起を報道などでよく耳にしているからです。

しかし、被害に遭うのは高齢者ばかりではありませんね。実際は大学生や若い社会人が騙されるケースも結構ありますし、メールやSNSを通じての詐欺が増えていることも忘れてはいけません。また、詐欺までいかなくても、宣伝文句に乗せられて要らないものを買ってしまい、あとで後悔した経験は皆さんもお持ちではないでしょうか。

親である皆さんもですが、より良い判断を下せる人になっていくため、考える時間を持つことの大切さを改めて知っておくことは子どもにとってもプラスになります。

日本では、制限時間内にたくさんの問題数を速く解くことが求められる受験システムになっていることもあり、子どもたちに速い処理能力を身に付けさせることが重視されがちです。それだけに、シンキング・スローについては意識して伝えていく必要があると思います。命や生活や大事なお金を守るためには、急がずゆっくり考えることが大事なんだよと子どもに教えていきましょう。

考える力があれば嘘か本当か見極められる

考える力があると、嘘と真実を区別できる可能性も高まります。ここもとても重要な部分だと思っています。

新型コロナウイルス感染症の収束が見えない中で、僕にとって唯一嬉しかったことは、アメリカ大統領選挙でトランプが負けたことでした。トランプ政権の4年間でアメリカは大きく分断されてしまいましたが、その原因は、フェイクに踊らされた人たちが増えてしまったことです。トランプ支持者たちが連邦議会議事堂を襲撃した事件は、皆さんの記憶にもまだ新しいところではないでしょうか。

トランプ前大統領が与えた悪しき影響は、けっして小さくありません。自分が気に入らないと何でもフェイクニュース扱いにしてしまい、コロナに関しても、科学的知見はまったく無視した対応をツイッターにあげてきました。とにかく思い付くままといった感じで言うことがコロコロ変わり、正しいことも「フェイクだ！」にしてしまうので、多くのアメリカ国民は何が本当で何が嘘かわからなくなってしまいました。

バイデン政権になって以降も、熱烈な支持者たちは相変わらずマスク着用を拒否し、それが元で命を落とす人がいても、亡くなった人の数が第二次世界大戦の犠牲者30万人をはるかに超えていても、「コロナはただの風邪と同じ」と信じています。しかし風邪と同じでないことは、口にするだけでも恥ずかしいぐらいの常識です。

真実に目を向けないで、自分の信じたいことだけを信じるというのは、とにかく危険で怖いことです。しかも、でっち上げの情報か、真実のことなのかを見極めるのは思うほど簡単ではありません。

特に、SNSをはじめとするネットの世界は虚実ごちゃ混ぜです。一部分だけ本物を紛れ込ませたフェイク情報といったものまでありますから、見極めはますます困難になっています。だからこそ子どもの先々のことまで考えると、簡単に嘘の情報に騙されないよう、できる限り何が本当で、何が憶測やでっち上げなのかを判断できるようにしておく必要があるのです。

それにはどんなことが大切になるかと言えば、事実を集められる力と、それに基づいて論理的に考える力を子どもの中に育てていくことだと思います。

親が「論理的に」を意識すれば考える子どもが育つ

考える力にしても学ぶ力にしても、それらを身に付ける上で欠かせないのが学ぶモードになっていることです。学ぶモードとは、精神的に安心した状態で、自分が愛している人から教えてもらえる環境にあることです。一番は親が穏やかに、わかりやすく論理的にさまざまなことを教えていくことでしょう。

そこから先、成長していく間には学校で好きな先生ができたり、信頼できる友人ができたりして、親以外の人たちからも参考になる話を聞く機会が増えていきます。悪い仲間ができてしまうと、参考になる話の内容も変わってきてしまうのでちょっと問題ですが、いずれにしても、多くの力を身に付けていくための出発点は親御さんです。

教えるのはお父さんでもお母さんでもよいのですが、怒りたくなるようなことがあっても、そこはぐっと堪《こら》えて、子どもが安心感を持ちながら力を伸ばしていけるようにしてあげましょう。その際には、論理的に教えることを意識していくとよいと思います。

子どもの力を伸ばすにはゲームがお薦めとお話ししましたが、一緒にゲームをやった後に、どこが勝因で何が敗因につながったかを親子で振り返って話し合い、次はこうするといいとか勝つ秘訣はここにあるといったことを親がアドバイスしていくことは、子どもの考える力にもつながっていきます。

僕の家でも、寒い冬の時期は、毎週日曜日の午後になると家族みんなでゲームをするのが恒例でした。昼ご飯が終わるとテーブルの上を片付け、僕と姉が母の食器洗いを手伝っている間に、父が自分と母のためにコーヒーを淹《い》れ、準備が整ったところでカナスタというハンガリーでよく行われていたカードゲームを何時間も楽しみました。

父とは2人でチェスもよくやりましたが、僕が何よりも感謝しているのは、家族とのカードゲームでもチェスの勝負でも、相手は子どもだからと手を抜かず、わざと負けるようなことをけっしてしなかった点です。その代わり、勝つための考え方や、こうするほうがもっと良い手にできるといった方法を丁寧に教えてくれました。

僕のほうは負けた悔しさでいっぱいですから、父の助言を頭に入れて、次のゲームでは勝つためにあれこれ考えるようになります。この体験は、論理的に考える力を付けていく上で、とても有意義だったと感じています。

論理的にと言われても難しいと感じるなら、「ここはこうで、だからこうなんだよ」や「ここをこうすると、こうなるんだよ」と説明すればいい、こんなふうに簡単に考えてみてください。さらに、「こうするにはどうしたらいいと思う?」と問いかけて、対策を一緒に考えていくことを心がけていただくとよいでしょう。

冷静に現状を見て、どうすれば我が子の力を伸ばせるか分析し、子どもと一緒に対策を練る姿勢を親が意識していけば、「こんなときはこうするんだ」と論理的に考えて行動する力が子どもに育っていきます。

第２章まとめ

◆親が子どもに持たせてあげるべきは「頭と心の財産」

◆「知識を持つ格好よさ」を教えるためにも、子どもの疑問・質問にちゃんと向き合おう

◆子どもの好奇心を伸ばす秘訣は「子どもと一緒に親も楽しむ」こと。親が率先していろいろなことに興味や関心を持とう

◆何事にも疑問を持つ姿勢を育てていくと知的好奇心と考える力が子どもに備わっていく

◆頭の良さには「記憶力」「情報処理能力」だけでなく、「論理的に考える能力」「観察力」「判断力」「集中力」も大事

◆頭の良さはゲームを通して楽しく鍛えてあげよう

◆考える力で大切なのは「速く考えること」より、「ゆっくり深く考える」こと

◆親が穏やかに、わかりやすく教えていくことで子どもの考える力も伸びていく

第3章

英語はあとから、算数は小さいうちが良い理由

算数は考える力を鍛えてくれる

英語と並んで、算数は日本の親御さんたちがとても気になる科目のようです。僕が数学者ということもあって、行く先々で「どうしたら算数が好きな子にできますか？」「数学が得意になるには何をしたらよいのでしょうか」といった質問をよくされるのです。

それだけ算数が苦手、嫌いと感じている子が多いのかもしれませんが、数学の専門家であることを差し引いても、子どもたちに算数への苦手意識を持ってほしくないと心から思っています。というのも算数・数学は、生きていく上で大切な論理的かつ合理的に考える力を養ってくれる教科だからです。

算数にしても数学にしても、ほとんどの問題は答えが一つしかありません。また答えが複数あっても、正解か不正解かはっきりしています。これは算数・数学の大きな魅力でもあります。一方、問題から正解まで至る道筋は複数あります。難しい計算をちょっとした工夫によって簡単にできる例は、学校でいくつも教わります。図形の問題の多くも、うまく補助線を引けばすぐに答えが出ます。文章問題は出題文をしっかり理解して、正解を得るための論理的な道筋を立てなければなりません。

この教科を好きになると――好きにまではならなくても苦手でさえなければ、確実に考える力を付けていく訓練ができます。

ところが実際は算数と聞いてしかめ面をする子のほうが多いと知って、僕としては何とも複雑な思いでいます。本来なら算数は面白いものですし、正解がビシッと導き出されたときは爽快感も味わえて、解くことが楽しくなるはずなのです。

その楽しき世界を知らずに嫌い、苦手となってしまっているのだとしたら、それは勉強の仕方に原因があるのではないでしょうか。例えば、小学校に上がる前に簡単な計算ぐらいはできるようにしておきたいからと考えて大量に計算ドリルをやらせていたら、子どもはやっぱり嫌になってしまうと思います。理由は簡単で、やっていてもつまらないためです。

一時期すごく流行った百ます計算は「前より速い時間でできるようになった」「間違うことが少なくなった」など、過去の自分との競争で進歩が実感できる点において、子どものやる気を引き出してくれるかもしれません。そうした良い面はあるものの、そればかりでは子どもは飽きてしまったり、算数＝計算という間違った印象を受けたりするでしょう。

子どもを算数好きにするのは、実はそんなに難しいことではありません。なぜなら身の周りには算数的なものがあふれていて、日常の中でいくらでも勉強している意識を持たずに学習ができてしまうからです。

買い物に行って「100円で好きなお菓子を買っていいよ」となれば、子どもなりに懸命に考えて、足し算の力を使いながら少しでも多く買おうとするでしょう。「50円のお菓子と70円のお菓子は100円では買えないから、70円のこれがどうしても欲しいなら、あと買えるのは30円のものだよ」といったことをその都度親が教えてあげれば、実体験で算数の学習ができてしまいます。今の説明は消費税を考慮していませんが、言いたいのは、実益に直結してくると子どもも一所懸命考えようとするものだということです。

小学校の算数でたくさんの子どもたちがつまずいてしまう分数の問題も、大好きなピザやケーキを使って理解させることができます。例えば家族4人で分けるとして、4つに切ると4等分、その4つをさらに2つに切ると8等分になって、そのうちの1枚を食べるなら8分の1枚になると教えられますね。さらに8分の1枚を2つ渡してあげて、これは大きさが4分の1枚と同じ、すなわち8分の2は4分の1と同じであると教えることもできます。

このように、算数は生活の中で学んでいくことができるのです。リットルやミリリットル、グラムやキログラム、センチメートルやメートルといった量・重さ・長さの勉強も、大きさの異なるペットボトルを買う、体重を量る、物差しでいろいろなものを測ってみるなど、小さいときから身近なものを使って遊び感覚で体得しておけば、学校での勉強が始まってからもすんなりと入っていくことができるでしょう。

僕は英語の勉強を早くから始めるより、小さいうちは、遊び感覚でいろいろな数字に触れさせていくことのほうが大事だと思っています。日々の中で使うようになると、その大切さや必要性がわかるので、子どもが算数嫌いになることはかなり減るでしょう。

算数嫌いは人生の損になる

算数は他の学問に比べ、できるかできないかが非常にはっきりとわかってしまいます。できなければ当然面白くないですし、嫌いになっていきます。

体育も似ているところがあって、走るのが得意でなかったり、ボール投げやキャッチが上手にできなかったりすると、体育そのものが嫌いになってしまいますね。でも体育の場合は、それほど問題にはなりません。学校時代は授業に出るのが苦痛かもしれないけれど、走るのが遅くてもキャッチボールができなくても、社会に出てから困ることは特段ないからです。

しかし、こと算数となるとそうはいきません。とにかく暮らしの中に深く入り込んでいますから、数字を見るだけで脳がNO!と叫ぶような状態にしてしまうと、生活や仕事にたちまち悪影響を及ぼしてしまいます。

例えば家計を考えたとき、物の値段という数字に敏感であることは大切です。値段に頓着しないでどんぶり勘定でお金を使っていたら、毎月赤字になって生活費をローンで賄うことになりかねません。ですから節約をするなど、上手にお金をコントロールする必要があります。節約の仕方も、数字をどれだけ意識しているかで効果は変わります。

ちょっと話はズレるのですが、実はこの点に関して、世間の主婦たちの節約に対する考え方をいささか不思議に思っています。

例えば、卵1パックを50円安く買おうとちょっと遠いスーパーまで歩いて行ったのに、帰り道にコーヒーショップで500円の飲み物を飲んだらおかしいですよね。もちろん、友達と会って楽しくおしゃべりしながらコーヒーを飲むことはよいのです。しかし、節約するつもりで出かけた際は違うでしょう！　お金に余裕がなければ、家計簿を付けることは基本中の基本です。家計簿を付けることによって、こんな簡単なことにすぐ気付きます。今はスマホでも無料アプリがあります。1、2ヵ月分のデータを分析すれば、どこを減らすべきか明らかになると思います。

これも余談ですが、僕は物の値段をすごく不思議に感じています。500ミリリットルのペットボトルで、大好きなお茶があります。家の近くのスーパーで70円、たいていのドラッグストアで100円、コンビニで140円、自動販売機で160円です。同じ商品なのになんでこんなに違うのでしょうか？　僕はもちろん、スーパーで何本か買って家に保管しています。仕事で出かける際は、必ず一本持っていきます。一年を通じても大した節約にはなりませんが、そのお茶を飲むとなぜか嬉しくなります。

さらに、日用品は節約を一所懸命考えるのに、車といった大きな買い物はポンと新車を買ってしまう人が日本には少なくありません。現在は軽自動車が人気とのことですが、軽であっても新車で買えば100万円から250万円近くはします。金銭的に余裕がある人は新車でもいいけれども、日ごろは10円でも20円でも安く買おうと節約している人たちが、大きな買い物でそれをあまり考えないのはもったいないと思っていますし、ここが僕にとっては不思議に感じるところなのです。

友達の一人は、車を買い替える必要があると、いつもショールームに置いてある展示車を購入しています。新車は1回でも試乗が入れば新車ではなくなります。ショールームを見に来た人が乗り心地を確認したり、ちょっと周囲を走ったりするだけで、価格の1割から2割は安くなるのです。試乗でたとえ1000キロメートル走ったとしても、実用には何も問題ありませんから、お得に買い物ができるわけです。

閑話休題で話を戻しましょう。僕は節約を意味のないことだとは思っていません。塵も積もれば山になります。でも、いつもいつも何円安いかばかり考えて、1円を惜しむような生活をしていたら、やっぱり惨めな気持ちにもなってくるのではないでしょうか。

ちょっと贅沢な気分になれるなら、たまには100円ショップで豪勢に2000円使うことだってあっていいですし、効率の良い節約を考えたら、金額の大きいところはケチになって金額が少ないところはこだわらないとしたほうが論理的だし、合理的ですよね。

数字への意識を少し変えていけば、こんなふうに自分の生活や生き方にもっと有効利用することができるのです。

ダイエットにしてもそうでしょう。今はほとんどの食品にカロリーが表示されていますから、ダイエットをしたい人は容易にカロリー計算ができます。でも数字を重視しない人は、エビマヨのおにぎりが本当は食べたいけれどワカメご飯のおにぎりのほうがカロリーは低そうだからと、何となく感覚で選んでいることが多いものです。

そうやって我慢して、時々耐えられなくなって300キロカロリーのケーキをやけ食いしては、自分の意志の弱さに落ち込む。そういうケースをたくさん見かけます。僕にも、ダイエットを気にして昼間は食べ物を控えて、夜になると「耐えられない！」と反動で食べてしまい、年々お腹まわりが大きくなっている友人がいます。

数字自体には嘘偽りがありません。その食品は何カロリーあるのかといった、有益な情報も数字の中に入っています。その数字を使いこなすことは人生の向上につながります。算数は数字を扱う教科です。だから算数が嫌いになってしまうことは、人生というものを考えたときに損なのです。

それに教科そのものが嫌いになるだけならまだしも、「算数が苦手な自分」を嫌いになってしまったら、自己肯定感にも影響して生きづらい思いを抱えてしまうかもしれません。そんな悲しいことにならないよう、親御さんには算数に対する拒否感を子どもに持たせない工夫をしてほしいと願っているのです。

必要なのは大まかに計算する力

小学校入学後にいきなり算数嫌いにしないためには、ある程度の計算はできるようになっていたほうがいい。親の皆さんがそのように考えることは理解できます。

子ども時代に自由な時間を奪ってまでいろいろな習い事をさせることについては賛成できないけれども、基本的な計算力を高めていく意味で、例えば算盤《そろばん》を習わせたり、公文の計算練習をやらせたりすることは少しプラスかもしれません。

ゲーム形式で足し算や引き算を練習できるWEBサイトやアプリもあるので、あまりお金をかけずに勉強させたいと思ったら、そうした方法も使えます。ただ、算盤教室や公文の教室は長年の実績があって教える経験やテクニックがしっかりしていますから、子どもが嫌がらなければやらせてみるのは悪くないと思います。僕の目から見ても、教室に通っていた人のほうが暗算力や計算力は付いているように感じます。

僕は30年前から学校でも電卓を使えばいいとずっと思っているのですが、いまだに使用が認められていないため、勉強のことだけを考えると、ちゃんと計算ができるようにしておくことは大切でしょう。

学校では完璧な答えが求められます。例えば、小数点の下二桁まできっちり計算して正確に書かなくてはなりませんし、考え方はわかっても途中で計算ミスをしてしまうと、部分点はつかずにその問題はバツにされてしまう傾向があります。

学校の先生も数十人分を採点しなくてはいけないので、答えが合っているかどうか確認するだけで精一杯の状況です。となると、速く正確に計算できる力を高めておくほうが他の問題を解く時間が増やせて、考える問題にじっくり向き合うことができる分、テストや成績で他の人より優位になれることは間違いありません。だから基本的な計算力を付けておくのが大事というのは、確かにその通りです。

ただし、計算力＝算数ではないことも頭のどこかに入れておいていただきたいのです。

実際の生活場面を考えても、面倒くさい計算が必要なときには電卓という心強い味方があります。仕事の場面でも、もちろん数字を読む力は求められるけれども、細かな計算や複雑な計算は電卓あるいは計算ソフトにお任せできます。

ということは、小数点以下まで正確に頭の中で計算できるような計算力は、学校やテスト以外でそれほど使う場面はないのです。実生活で本当に必要なのは何かというと、大まかな計算です。四捨五入して概数でザッと計算し、おおよその結果をつかんでおくことができれば、日常にほとんど支障はありません。

皆さんも、買い物でこの方法を日々実践されているはずです。328円だったら300円、410円だったら400円と置き換えて、「今の時点で3500円ぐらい。なら、この豚肉1パックを買おう。すると約4000円になるから消費税を合わせて4300円ぐらいだな」と合計金額を計算しながら、何を買うか考えていると思います。

僕もそうです。講演で茨城県の取手市に行ったとき、ちょうど政府の「Go To キャンペーン」の最中だったこともあり、ホテルで1000円分のクーポン券をもらいました。近くのコンビニで使えるということだったので、夜食と翌日の朝ご飯を買いに行き、「これは約300円。これは200円ぐらい。これを買うとオーバーしてしまう」などと考えながら品物を選んで見事1010円で収められて、心の中で思わず「よし！」とガッツポーズをしてしまいました。990円だったら惜しい気持ちになったでしょうし、1000円ピッタリはなかなか難度が高い。最終的にポケットから10円出すだけで済んで、至極満足でした。

大まかな数字を使うこと、それを計算して活用する作業は、人生のさまざまな場面で必要になります。しかもこれは、全体像を素早く把握して、必要なことを判断していく情報処理能力とも関係してきます。

特に数字の桁が千万、億、兆と大きいときは、目的に合わせて四捨五入して概数で捉えていくようにしたほうが見当を付けやすくなります。

例えば、日本の総人口を知りたいとします。インターネットで調べると、125、708、382人あるいは1億2570万8382（2020年10月1日時点）が出ます。しかし毎日3500人以上の人が亡くなり、2500人以下の子どもが生まれます。つまり、平均して毎日1000人以上減っており、数字は刻々と変化していきます。だから下四桁は不正確で不要です。おおよそ1億2600万と覚えれば十分です。そして10年前は大体1億2800万だったと知っておけば、この10年間で約200万人減ったとわかります。

算数的思考ができると生き方が戦略的になる

算数は、学ぶことで物事を論理的に考える力や答えを導き出す発想力を培っていく教科です。また利率や割合、時速、数量、面積、容量のように生活とも密着しています。

つまり計算力を磨くのが算数ではなく、算数的な考え方を身に付けて、それを生活や人生に活かしていくことこそが勉強の目的であるということです。親御さんたちにはその点を忘れてほしくありません。

では、算数的な思考はどのように人生に活かせるのでしょうか。ここでは2つほど例を挙げてみましょう。

一番目はお金を戦略的に使うことです。現在のような消費社会では、お金を使い過ぎないために自分で戦略を立てないといけません。昔のように現金のやり取りだけで物を買っていた時代と違い、クレジットカードや電子マネーが普及して、支払い方法の種類が増えているからです。

財布から目に見えてお札が減っていけば、ちょっと財布の紐を締めようという気持ちが働きますが、カード決済や電子マネーの場合、気を抜くとあっという間に予算以上の金額を使ってしまうことになります。

中でもクレジットカードは要注意です。僕個人はクレジットカードは持たなくてもいい、キャッシュレスならプリペイドカードを使うほうがいいと思っているのですが、その理由はクレジットカードの場合、簡単に欲しいものが買えて手持ち以上に使いやすいこと、分割払いやリボ払いにした際の手数料、口座が残高不足で引き落としできなかったりしたときの延滞利息がとても高いことにあります。

普通預金の利息が0・001%、定期預金でさえも金利が高いと言われているネット銀行で0・01～0・02%しかありません。ところがクレジットカードを使って発生する金利は、12～18%と消費者金融でお金を借りるより高いのです。

わかりやすく単純に年率で比較してみると、1万円を預けても普通預金はまったく利息が付かず、定期預金で1～2円です。一方で、リボ払いや延滞利息で加算される金額は1200～1800円にもなります。百分率がわかっているとこうした比較ができるようになりますし、支払金額にこんなにプラスされてしまうと知ることで、カード破産のような事態を避けることもできるでしょう。

自分でしっかり計画的に使えれば何の心配もありませんが、やっぱり人間は欲望に弱い生き物です。「これが素敵」「これを欲しい」となったらカード一枚、画面決済のみで買えてしまうので、ついつい誘惑に負けてしまいます。

だからプリペイドカードを選び、あらかじめ入金した額以上は使えないようにしておくといった戦略で、使い過ぎを防ぐ工夫は大事になってきます。あれこれ買おうとしたとき、レジで残高が足りなくて「すみません。これとこれは戻します」と恥ずかしい思いをすることもあるけれど、でもそれでかまいません。何を隠そう僕も、お店のレジで何回もこうした恥ずかしい思いをしています。

消費社会はこの先も続きますし、なおかつキャッシュレス化はどんどん進んでいくでしょう。アマゾンを立ち上げたジェフ・ベゾスさんやユニクロで知られるファーストリテイリングの柳井正さん、ソフトバンク創業者の孫正義さんのような大金持ちなら、何に好きなだけ使っても懐は痛まないけれども、普通の人はそうはいきません。ですから自分で自分のお金を守るために、算数が大切になってくるのです。

二番目はちょっと大きな視点になりますが、人生をベストなものにしていく上でも算数は活用可能ということです。違う言い方をすると、人生を計画的に考えてそのときに最適なものは何かを見据えて行動していく、そのために算数の論理的思考が活かせるのです。これは、僕の大道芸の師匠であるアメリカ人のロンが教えてくれた考え方です。

今日明日、あるいは来週、半年後、一年後といった短い時間軸でしか生き方を考えていないと、結局時間を無駄遣いしお金も消費しておしまいになってしまいます。それでなくても今は多くのことが不確かな時代ですから、人生を有意義なものにするには、時期を決めてそれまでに自分はどうなっていたいかを目標として立てておくことが大切です。

何歳までにこうするといった目標は、人それぞれで違っていてかまわないと思います。ただ僕は、人生の半分の時期に相当する40歳を一つの目安に考えてみるといいと思います。そこまでにはこのぐらいの生活水準になっていたい、こうしたものを手に入れていたい、こんな仕事をしていたいと考え、必要な学歴や資格を取得する、良い仕事先を見つける、節約をして貯蓄するなど計画して行動していくと、「こんな人生になるはずじゃなかった」を少しでも減らしていくことができるでしょう。

同時に生きがいを持てるよう、短中長期的な夢も必要です。この1週間でやりたいこと、今年ないし来年中に成し遂げたいこと、5年先や10年先に達成したいことを何歳になっても持ち続け、短期の夢は頻繁に決めて、中期の夢は元旦などの年替わりの節目に、そして長期の夢も数年ごとに新しく設定し直して、その実現に向けて動いていくようにすべきであることを、お子さんに教えてほしいと思います。

この他にも算数的な思考力はいろいろなところで活用できるのですが、お金と人生の2つを例に挙げたのには理由があります。

高度経済成長で社会全体が上昇していた時代は、会社に入って年功序列・終身雇用の流れに乗りさえすれば、人生をどう創るかなど考えなくても生きていけました。

けれども今は違います。新自由主義経済が力を持つ時代が続いており、成功者はますます富裕になっていき、そうでない人は苦しい生活を余儀なくされるといった経済の二極化が進んでいます。新型コロナウイルスの影響で経済活動が停滞し人々の暮らしが大変になっていく中でも、GAFAと呼ばれるグーグル、アマゾン、フェイスブック、アップルなどアメリカの主要IT企業は、軒並み資産価値が急増して影響力を伸ばしました。

英語の表現に「Winner-takes-all」（勝者総取り）というのがあり、アメリカはまさにこの発想が強い国です。そして日本も間違いなく、そうした傾向を強めています。

僕は一時期の日本で流行した勝ち組・負け組、上級国民・下流民の言葉や考え方は好きではありません。けれども現実は残念ながら、より格差は拡大する方向に進んでいくでしょう。厳しい言い方をすれば、自分の人生を主体的に戦略的に生きていく力がないと、不幸な人生を送る確率が高くなってしまうのです。

生き方をうまく選ぶには、当然ながら物事を論理的に考える力が欠かせません。だから小さい頃から算数を身近なものにして、その能力の土台を作っておくことが大切であると、親御さんたちには伝えておきたいのです。

語学学習にも算数の力が役に立つ

算数を学ぶことで得られる力は、嬉しいことに外国語を学ぶ際にも役立ちます。これも子どもを算数嫌いにしないでほしいと思っている理由の一つです。

算数では、ルールやパターンに則って順序よく物事を考えていきます。論理的に順序立てて考えることができるようになると、例えば英語を学ぼうというときにも、段取りや効率を意識して自分なりにやり方を考えていけるようになります。やみくもに単語を1000個覚えようとしても、おそらく覚えた先からポロポロ忘れてしまうでしょう。労多くして功少なしの勉強法ほど無駄なことはありません。

算数の力を付けるための具体例を挙げる前に、僕が学生だった頃のハンガリーの教育制度を紹介しましょう。小・中・高校はそれぞれ4年間で、しかもクラス替えはありません。高校は理系のクラスに通っていたので他のクラスより数学と物理のコマ数が多かったのに、なぜか僕たちの担任は文系で国語の先生でした。大学を出て間もないやる気満々の人で、課外活動がたくさんありました。専門馬鹿にならないよう、教科書に載っていないアメリカ文学の本（ヘミングウェイやサリンジャー等）を課題図書にしたり、観劇に連れて行ってくれたり、前代未聞のことをやっていました。だから生徒たちは、彼にミューズという愛称を付けていました。

ちなみに外国文学に詳しいミューズ先生ですが、外国語はまったくできませんでした。それも一因だったのか、我々に強く外国語の習得を勧めていました。彼が提案した方法は、当時学んでいたドイツ語の辞書をぱらぱら見て、使えそうな単語を専用のノートに書き写して記憶する、というものでした。一日10個程度なら楽々できるでしょう。これを一年間やり続ければ、3000個以上の単語とその使い道を覚えられます。

ミューズ先生の言ったことを信じて、すぐにやり始めました。2、3週間はうまくいきましたが、一ヵ月ほど経つと、新しいつもりで選んだ単語の中にすでにノートに記載したものも含まれていると気付きました。記憶力に自信があった僕には大きなショックでしたが、やはり何週間か前に学んだつもりの単語を忘れていました。そこで、同一の単語や表現を何回も見ないと覚えるのは無理だと悟り、別の方法を考えました。

地元の図書館で、次から次へとドイツ語の対訳の本を借りたのです。わからない部分をハンガリー語訳で確かめながら内容をしっかり把握して、文学としても楽しめました。そして、何回も登場する単語を次第に記憶していきました。

これで読解力はかなり向上しましたが、会話力は別です。そこは高2のドイツ語の先生の提案に従いました。一人で歩いているときなどになるべく独り言をドイツ語で言う、というものです。ここで数学的論理思考が大事になります。ままならない言語でどうやって独り言を言えるでしょうか。母国語では「今日の凍えるほどの寒さで、指がかじかんできた」などの複雑な独り言が言えますが、これをそのまま訳すのは至難の業です。しかし「今日は寒い、指が痛い」なら、ほぼ同じ意味です。外国語で文章を作る際は、自分のレベルをわきまえるべき。語彙が乏しくても伝えたいことは言えます。必要なのは、伝えたいことをしっかり整理して知っている単語をきちんと並べることです。

このことに気付いてから外国語の学習がどんどん楽しくなっていき、いくつもの言語を習得しました。

算数力はゲームやパズルで楽しく伸ばせる

章の冒頭で、算数が好きな子にするにはどうしたらよいかと訊かれる機会が多いことをお話ししました。ここからは、質問に対する僕なりの答えをいくつかお伝えしていこうと思います。

まず、算数好きにして考える力を付けたいなら、やはりゲームが一番です。これまでのところでもゲームの効用についてはたびたび触れてきましたが、楽しく遊びながら算数力と考える力を付けていくのにも、これほど最適な方法はありません。

コンピュータやスマホのゲーム型学習でも、もちろんある程度の効果はあると思います。けれども僕が薦めたいのは、家族や友人、仲の良いご近所さんなどと一緒にやれる対人ゲームのほうです。

人間は基本的に、勝負には勝ちたいと思います。この気持ちは向上心の自然な現れです。機械相手の対戦でも勝ちたい気持ちは生まれますが、人を相手に勝負して、勝ったり負けたりの体験をするほうが向上心はもっと高くなるはずです。

対人ゲームには2つの種類があります。一つは「フル・インフォメーションゲーム」で、ゲームの状況がすべてオープンになっているタイプです。代表的なのは将棋や囲碁やチェス、オセロ、それから日本ではそれほど人気はありませんがバックギャモンもこのタイプに入ります。

もう一つは、情報が部分的にしかわからない「パーシャル・インフォメーションゲーム」です。第2章で紹介した『アルゴ』はこのタイプです。またトランプカードを使っているゲームはみんな「パーシャル・インフォメーションゲーム」です。

どちらも考える力は必要になるのですが、将棋やチェスは経験豊富な強い人がやはり有利で、下手なうちはなかなか相手に勝てないため、初心者のうちは面白さや向上心の面でいま一つかもしれません。

子どもによっては、負けた悔しさで反対に勝ちたい炎が燃え上がるタイプの子もいると思います。けれども小さい子であることを考えると、スキルがなくても勝てるゲームのほうが飽きずにやってくれるのではないでしょうか。

そういう意味で「フル・インフォメーションゲーム」であれば、双六タイプのものがいいと思います。例えば、サイコロを使ってコマを進める『モノポリー』、同じくルーレットを回して進むコマの数を決める『人生ゲーム』などです。

この2つのボードゲームの良さは、点数の高い人が勝ちになる点です。『モノポリー』は自分の不動産を増やしていくゲームで、最後に一番資産額が高かった人が勝者になり、いろいろなライフイベントを経験しながら億万長者を目指す『人生ゲーム』も、最終的に一番お金を持っている人が勝ちとなります。

サイコロやルーレットでどの数が出るかによって何をしなければいけないかが決まる偶発性の面白さがありますし、考えたり選んだりして戦略的に財産を増やし最後は計算力も必要になってきますから、広範囲で算数の力が付いていくと思います。ジュニア向けのバージョンであれば、小さい子でも遊べるでしょう。

トランプゲームで言うと、お薦めは「七並べ」です。「ババ抜き」も易しいゲームの定番ですが、考える力が付くという点では、どこにカードを置くかを考えなければいけない「七並べ」が向いています。小さい年齢でも何回か遊ぶうちに考えたほうが有利とわかってきて、勝つために頭を使うようになります。

年齢が上がってきたら、駆け引きの要素が加わる「セブンブリッジ」や「ポーカー」もよいでしょう。家族で点数を付けながら競い合うことで、より力が付いてくると思います。

数学者になるきっかけは小6で友達から借りたパズル本

ゲームと並んでパズルも、ぜひ推奨したいものの一つです。謎解き要素の強い算数パズルの本、手をあれこれ使って考える図形パズルなどがあり、今はたくさんの種類が市販されています。

僕が本格的に数学に関心を持ったのも、小学6年生のときに、算数・数学の思考が求められるパズル本を友達が貸してくれたからでした。その本には自力では解けない難しいものもありましたが、面白い問題がたくさん載っていて、知的好奇心を大いに刺激された思い出があります。

日本には、多湖輝さんの『頭の体操』(光文社)という大ベストセラーのシリーズがありますね。実は僕もこの本のファンなのですが、とんちのような問題もあって、子どもが低学年ぐらいになっていれば親子で楽しめると思います。

パズル本にしても図形パズルにしても、一番の効果は楽しく、でもしっかりと算数のための力が付いていくところにあります。どうしてもわからなくて答えを見てしまった場合、それもまた勉強になります。書かれている解説を読むことでどう考えればよいのかがわかり、解き方や考え方がかえって身に付きやすいので一粒で二度おいしいのです。しかも時間をかけても解けなかった問題ほど、解説を読んだときの「あ、そうか！」が大きくなりますから、頭の中に残っていきやすくなります。

さらに、図形を使ったパズルは、論理的思考力や平面図形と立体を理解する力だけでなく、地図を読んだり時間感覚をつかんだりする空間認知力も鍛えてくれます。ですから、ぜひ挑戦してみてほしいと思います。

これもまた宣伝のようになって心苦しいのですが、僕も『ピーターキューブ』という図形パズルを考案しています。T形ピースと立方体ピースを組み合わせてできるジョーカーを使って、出題で指示された形を作るもので、問題は初級から上級まで66問ありますから、子どもだけでなく大人も十分楽しめるでしょう。上級問題になると、もしかしたら子どものほうが柔軟な発想力で親の上を行くかもしれません。

もちろんこれ以外にも、ピースを使っていろいろな図形や立体を作る組み立てパズルは種類も豊富ですから、子どもと一緒に楽しめそうなものを選んで、親子または家族みんなで試行錯誤してみてください。

組み立て式家具も効果的

ゲームとパズルの他にも、考える力を付けるきっかけは日常の中にたくさんあります。例えば、組み立て式の家具を子どもと一緒に作ることも効果的です。家具屋から完成品を運んでもらう場合もあると思いますが、大概のご家庭はイケアやニトリ、通信販売で買ったものを家で組み立てることが多いのではないでしょうか。

組み立てが必要な家具は、言ってみれば実用版の図形パズルのようなもので、立体図形を考える力が必要とされます。

また、説明書を読み込んで一つひとつの部品をネジでつなげていかなくてはならないので、どの部品をどこで使うかを判断したり、手順を確認したりと、考えて進めていく場面が少なくありません。

それに順序を間違えると組み立てがうまくいかず、結構前に戻ってやり直しなんてことも起こりますから、かなり頭を使います。ですから子どもに手伝ってもらいながら一緒に作業することは、考える力を付けるのに役立つのです。

小さい子の場合は、一緒にやると言っても実際は足を引っ張るお手伝いになってしまうと思います。それでも親の作業をそばで見て、だんだん形ができあがっていく過程を体験するだけで学習効果はあるでしょう。

行き当たりばったりではなく、一日を計画して過ごす

子育てをしているとあっという間に一日が終わってしまうと感じることが多いと思いますが、できる限り計画を立てて一日一日を過ごすことも、実は考える力を付けるのに効果があります。園や学校から帰ってきた後の時間をどう過ごすか。その時間割を決めておくのです。

そこにみっちり習い事を入れてしまうご家庭が日本には多いのですが、どうしてもやらせたいとか子どもが続けたいと言っているものだけを残し、自由に使える時間を作って、その時間を有効に使う感覚を小さいときから育ててほしいと思います。

有効に使うと言いましたけれど、これは勉強時間を増やしたほうがよいと言っているわ

けではありません。むしろ勉強や宿題は後回しにして、まずは親子で一緒に過ごす時間にすることを考えてください。

例えば、今日はいつもと違うお店に行って買い物をし、帰ってきたら新しい絵本を一冊読もうとか、今日は天気が良いからちょっと遠くの○○公園まで散歩に行こうとか、その程度でよいのです。

ただし、2つだけ大切にしてほしいことがあります。一つは計画を立てるときは子どもも一緒に、ということです。「明日は何をしようか」「どこに散歩に行きたい？」と意見を求めて、子どもにも考えさせながら計画を立てるようにしましょう。

もう一つは、計画したからといって、その計画を完璧に守る必要はないということです。変更したってかまいませんし、計画通りにできなかった日があってもいいのです。なぜなら、計画することのほうに意義があるからです。

これをしたら次は何をする、ここところに行くからどの道を通ってどう回ろうと、順序立てて考えていく経験をすることは、子どもの論理的思考を育みます。

また、この経験は、大きくなって自分で時間の使い方を考えて決め、自主的に行動する力につながっていきます。計画は柔軟に変更できることを知っておくと、臨機応変に組み替えて対応していけるようにもなるでしょう。そこでは何を優先にすべきかつねに判断することになるので、勉強にも仕事にもいろいろな面で有効なのです。

それから僕の希望としては、計画の中にできるだけ散歩や散策を入れてほしいと思います。違うお店に行く、少し離れた公園に行くといった際も、できれば自転車より歩きで、「ここのおうちは大きな桜の木があるから、春はきっときれいだね」とか「山崎さんの家は蔵があって敷地もすごく広いから、地主さんだったのかもしれないね」とか、子どもと会話しながら途中の様子を楽しんでみてください。

毎日の生活で使う道は決まっていることが多いものです。ですから、いつもと違う道を選んで近所を散策してみると、意外な発見があって新鮮です。

並んでいる車を一つひとつ見ていったり、表札の名前を調べていったり、何かを建設していたら何が建つのかを確認してみたり、空き地があったら前は何があったのかを推理して帰ってから調べてみたり、そうしたことからも子どもの考える力は伸ばせるでしょう。

歩きながら車の色やナンバーを覚えて、どれだけ覚えているかを帰り道で確認するといった記憶力競争もできますね。

また、何回も歩いていると変化もわかります。大きな家が取り壊されたり、見かける植物や虫が違っていたり、「なぜだろう？」から考えていける機会が多く持てるようになります。

何より良いのは、大好きな親と有意義に時間を過ごすことで、子どもの心が安定する点です。考える力を付けるといった一点に留まらず、親子の絆を深め、安心感の中でいろいろなことを覚えていくことができるでしょう。

旅行の計画を子どもと一緒に考える

次にお勧めしたいのは、旅行の計画を立てることです。週末の土日を使った小旅行、大きな休みで行く2泊3日の旅行などでよいので、子どもと相談しながら旅の予定を作ることをやってみてほしいと思います。

コロナがすっかり落ち着くまでは、なかなか実際に出かけられないかもしれませんが、現地に行かなくても、計画して下調べをすることそのものが考える力を付けてくれます。

行きたい地域をいくつか選んで、地図でどこにあるかを確認し、どうやって行くか、泊まる先はホテルか旅館か民宿か、交通費や宿泊費はいくらぐらいかかるかなど、旅のプランを子どもも一緒になって家族で立ててみてください。

観光ガイドの本もいろいろと出ていますので、そういうものを使いながら計画するのも楽しいと思います。僕がよく参考にしているのは、帝国書院が出している『旅に出たくな

る地図　日本』です。日本各地の観光スポットや名産品、名物郷土料理などがイラスト中心に紹介されていて、ページをめくるだけで旅情がかき立てられます。

もちろん、本でなくインターネットやスマホでもいいのです。得た情報を参考に、一日目は何をしてどんなものを食べようかなどを考えていけば、バーチャル旅行でも結構楽しいものです。合わせて、その地域の歴史や文化財などもぜひ調べておきましょう。

実際に旅行に行くにしても、下調べがあると内容が充実します。詳しく調べなくても最低限回りたいところだけ決めておいて、あとは出たとこ勝負の現地散策をしてみるのもいいかもしれません。

年齢が小さくても、プランの段階から参加し、「これがしたい」などの意見を取り入れてもらうことは子どもの成長になるでしょう。企画したり計画したりする楽しさが経験できることも、のちにつながっていくはずです。

小学校の中学年はまだ難しいかもしれませんが、高学年になったら、子どもを家族旅行の幹事にするのも良い方法です。予算を伝えて、その範囲内で旅行計画を何案か作ってもらい、家族で検討して決めるといったこともできますね。

幹事を任されると、費用を考えたり、行き方を検討したり、旅のテーマを立ててみたり、天候をチェックしたり、みんなが楽しめるような行程を工夫したり、とにかくいろいろなことを考慮して順序立てて決めていかなければなりませんから、算数的思考力を大いに伸ばしてくれるはずです。

料理でも「算数の力」と「考える力」が身に付く

最後に、ぜひとも推奨したいのが料理です。料理には算数の要素がいっぱいあります。グラムやミリリットルといった単位が必ず出てきますし、「計量スプーンの小さじは5ミリリットルで、大さじは15ミリリットルだから、大さじは小さじの3倍」といったことも体験的に教えていくことができます。

もちろん、考える力を付けていくのにも有効です。例えば料理は献立を決めるところから始まりますが、この時点でもう「今日は何にしようか」と考える作業がスタートしていますね。

「野菜は体に必要だから、野菜も食べるならお肉も買ってあげる」のように、交渉も入れながら子どもの意見を聞いてメニューを一緒に決める。お母さんはわかっていたとしても、材料は何が必要かを子どもと調べてから買い物に出かける。そして、子どもに手伝ってもらいながら調理をする。このように、ご飯作りにとにかく子どもを参加させてほしいと思います。親にしてみたら、時間はかかるし手間も増えてしまうかもしれませんが、「料理は子どもの力を伸ばす最良の学習場面」と考えて、できる限り手伝ってもらいましょう。

さらにお願いしたいのは、料理の準備段階から親子の会話をたくさんしてほしいということです。しゃべることは考える力を付けるからです。

また、親自身の子ども時代の話や、料理に関する思い出話などもしてあげると、料理の時間がとても有意義になると思います。「ママ自身も、お母さんやおばあちゃんとこんなふうに台所で一緒に作ったんだよ」や「大学生になるまで、煮込みハンバーグって食べたことがなかったんだ。お店屋さんで初めて食べて、こんなおいしいものがあるなんて！　って驚いたんだよ」「私の家では、鰹節をちゃんと削るところからお味噌汁の出汁をとったんだよ」といった話を大好きな母親や父親がしてくれると、子どもは喜んで聞いてくれるでしょう。親自身はすっかり忘れてしまっても、子どもはそうした話をずっと覚えているものです。

食事の間や食べ終わった後の会話も大事です。家族みんなが揃っているなら全員で、お母さんと子どもたちだけなら母子で、反省会も兼ねて感想を述べ合いましょう。今日は少し焼き過ぎた、塩をもうちょっと入れたほうがよかった、など、何でもいいのです。

感じていることや考えていることを言葉に表すには、脳をたくさん使います。つまり、会話は頭を鍛えるための効果的な訓練になるのです。

しかも自分の考えを伝えるというのは、コミュニケーションの基本です。会話を増やせば、考える力を付けると同時に、コミュニケーション力を養うことにもなります。ぜひ普段から、子どもの気持ちや考えを聞き出す問いかけを心がけて、話す機会をたくさん設けてください。

第３章まとめ

◆算数・数学は、生きていく上で大切な論理的かつ合理的に考える力を養ってくれる教科

◆小さいうちから遊び感覚でいろいろな数字に触れさせることが、子どもを算数好きにさせるコツ

◆計算力＝算数と思ってはいけない。算数的な考え方を身に付けて生活や人生に活かしていくことが目的と考えよう

◆算数的な考え方が身に付いていると語学学習にも役立つ

◆ゲームやパズル、組み立て式家具、一日の過ごし方や旅行を計画する、料理をする、が楽しく算数の力を養っていくキーワード

第4章

英語はスキルではなく、コミュニケーション

人間関係作りが苦手だった僕が外国語習得で変わった

僕の特技は、皆さんもすでにご存じのように大道芸です。ところで、大道芸で大切なのは何だと思いますか？　見ている人を驚かせるような高度な技ができること？　確かにそれはとても重要です。素人芸では、誰にも足を止めてもらうことはできませんから。

でもそれ以上に大事なものがあります。お客さんとのコミュニケーションができることです。

外で大道芸をやるようになったとき、最初はなかなか人が集まってくれませんでした。自分で言うのも何ですが、僕の芸はサーカス学校仕込みですから、技のレベルはそんなに低くなかったと思います。どうして自分のところに人が来てくれないのか、何が違うのか知りたいと考えて、いつも人だかりができている大道芸人を何人かこっそり覗き見してみましたが、そのときも技のレベルにはそれほどの違いを感じませんでした。

けれども何回か偵察を繰り返しているうち、ようやく彼らとの違いに気が付いたのです。大道芸は、観てくれている人を楽しく幸せな気持ちにさせてなんぼです。それにはわざと失敗して笑いをとったり、お客さんにも参加してもらったり、おしゃべりで楽しませたり、とにかくコミュニケーションが大事になります。自分には、そこが足りなかったのです。

そもそも僕は、小さいときコミュニケーションが上手なほうではありませんでした。むしろ、人との関係を作るのは苦手だったといってよいでしょう。

それにはユダヤ人であることが関係しています。7歳のとき、初めて本格的な差別を受けました。それ以来、自分がユダヤ人であることを人に話してはいけない、隠したほうがいいと強く思うようになり、自分の内面を人に明かすことも避けるようになったのです。

加えて、かなり短気で怒りっぽい子どもでもありました。数人と一緒にいても、何か気に入らないことがあるとみんなを置いて一人だけ帰ってしまったり、家の中で癇癪《かんしゃく》を起こしてタンスの中に隠れたり、外に飛び出してしばらく家の中に戻らなかったり、そんなことをしょっちゅうやっていたのです。

そうなると、当たり前ですが人との関係作りはうまくいきません。自分の考えや気持ちを伝えることもほとんどしませんでしたから、誰かと話し合う機会もあまりなく、コミュニケーションも苦手になります。現在の僕を知る人は信じないかもしれないけれど、少年時代は、今で言うコミュニケーション障害のような状態だったのです。

そんな僕がなぜ変わることができたのかと言うと、きっかけとなったのは他でもない外国語の勉強でした。

習った言葉を自分のものにするには、実践が大切です。勉強した外国語を使って人と話すことが、言語の習得には必須なのです。自国にいる場合はなおさら、外国人に声をかけて話をしたり、質問をしたり、自分のほうからの働きかけが必要になります。話しかけてくれるのを待っていたら、会話にはならないからです。何しろ、向こうには自分がその言語を勉強中であることなんてわかりません。

僕もドイツ語を習ったことで、練習のため外国人に声をかけることを余儀なくされて、それを皮切りに、少しずつ他の人ともコミュニケーションができるようになっていきました。といっても多少よくなったという程度でしたが、それでも自分にとっては大きな進歩だったのです。声をかける相手が見知らぬ外国人だったことも、自分について深く話さなくていいという点で僕の気持ちを少しだけ楽にしてくれたので、それも効いたかもしれません。

その後、大道芸を始め、お客さんとの距離を縮めるためにコミュニケーションのとり方を研究したことで、人との関係作りがさらに苦ではなくなりました。

ジャグリングが媒介となってくれた面も大きかったと思いますが、どこに行っても人との会話を楽しめるようになったことは、僕の人生を何十倍も豊かにしてくれました。世界各地に大切な友人を何人も持つことができたのも、さかのぼって考えるとドイツ語の勉強があったおかげといってよいでしょう。

英語以外の外国語を学び続ける理由

海外では、英語ができれば基本的にどの国に行っても不自由はしません。

仕事にしても、英語は国際公用語なので、いろいろな国の人が集まる国際会議では、全員が英語を使って発表したり意見を述べ合ったりしています。僕が書く数学の論文もすべて英語ですし、それをアメリカ、イギリス、ドイツなどさまざまな国の専門誌に発表して、たくさんの国の人が読んでいます。

そういう意味では、僕の仕事も英語だけで十分成り立っています。「ならばどうして何ヵ国語も勉強したのか?」と皆さんは思うでしょうね。

それは、仕事だけが人生ではないからです。人生の醍醐味は、他の人と豊かな人間関係を作ることにある。そのように思っています。

特によその国を訪れたときは、そこで暮らしている人たちの母語・母国語がちょっとでもできると、関係性が随分と違うものになります。

現地の言葉で話しかけて国や街のことを尋ねると、みんな喜んであれこれと教えてくれます。日本のことも、街中にいる人との会話からいろいろな情報を知ることができましたし、仕事にしろプライベート旅行にしろ、現地の人たちとコミュニケーションをとれば有益な情報を得ることができます。つまり、お得な旅ができるのです。

僕もたくさん得をしました。例えば初めてのアジア体験となったインドは、ムンバイの研究所の人たちと数学の共同研究を行うことが目的でしたが、せっかくだからと思って、一人でインドを旅して回ってみることにしました。

研究所でのやり取りは、英語でまったく問題ありません。でもインド旅行を計画していましたから、行く前に頑張ってヒンディー語とサンスクリット文字を覚えていきました。少し話せる程度でしたが、実際に旅して回る中で拙いながらもヒンディー語を使うと、行く先々で出会う人たちの対応がまったく違い、この上ない親切をたくさん受けることができたのです。

この経験から、旅で得られる最大のものは現地の人との関わりを通して彼らの文化を少しでも理解することと結論付けました。そこで、行ったことのない国を訪れる前に、現地の言葉を少しでも覚えて使えるようにしておくことが旅の準備の一環になりました。

言葉が難しければ難しいほど、得することも多くなります。フィリピンへ行くことにしたときに、真っ先に覚えたタガログ語は、「パセンシャ　ナ、ヒンディ　アコ　マロノマグ　タガロ（Pasensya na, hindi ako marunong mag tagalog）」です。

出会った人にこの言葉を口にすると、誰もがまずは笑ってくれました。意味は「ごめんなさい、タガログ語は話せません」だからです。「何を言ってるんだ。長い文章をしっかりした発音で話せてるじゃないか」となってそこから打ち解け、タガログ語を次から次へと教えてもらうなど、フィリピン滞在中たくさんの人と交流することができたのです。

ラオスとベトナムでも、こんなエピソードがあります。

ラオスの首都ヴィエンチャンの土産店で、ラオス文字が書かれている白いTシャツを見つけました。英語で言うABCのアルファベットの表のようなもので、例えば、A・リンゴの絵・Apple のように、文字とそれを頭文字に使った簡単な単語とイラストが描かれています。ラオスの小学校にはその表が貼ってあり、子どもたちはそれを見て文字を学んでいくので、人々にとってはなじみ深いもののようでした。ちなみにラオス文字は記号にしか見えない複雑なもので、まったく読めません。そこですぐさまその服を買って着て、出会った人に例えば鶏の絵を指さして訊くと、文字は「カ」、単語は「カイ」と教えてくれました。これを繰り返して、みんなと交流しながら基本的な単語を覚えていきました。

庭に人がいると「こんにちは」と挨拶して勝手に庭に入っていき、覚えたてのラオス語を使ってジャグリングをちょっと披露して喜んでもらったり、家の中を見せてもらったり、こんな調子で家を次々と訪ねて、ラオスの人たちの暮らしぶりを垣間見ることができたのです。

次のベトナムに向かうときは、飛行機に乗るやいなやラオス語はきれいさっぱり忘れて、ベトナム語の勉強に励み、再び現地の人たちと交流を深めました。

ある日、夜道を歩いていると一軒の家から明かりが見えるので中を覗いてみると、どうやら家族でカラオケの真っ最中。楽しそうだなと思ってしばらく眺めていたら、何か外国人が覗いているぞと不審に思ったのでしょう。家の主らしき人が、怪訝《けげん》そうな表情で窓を開けました。

そこでさっそくベトナム語を使って簡単な挨拶と自己紹介をしたところ、なんと笑顔で家の中に招き入れてくれて会話を始めたのですが、僕のベトナム語力ではすぐに行き詰まりました。そこで、そのお宅には中学生ぐらいの娘がいたので、英語の教科書を持ってきてもらい、僕が英語を教えて、彼女がベトナム語を教えて、結構な時間をその家族と過ごし、最後にはお茶とケーキまでごちそうになりました。

日本でも初来日当時、日本語ができる外国人は少なかったこともあり、都会を離れるほど「この外人は日本語が話せる」ということで歓迎され、家に呼んでもらったり、泊まっていきなさいと言ってもらえたりして、一部ではあるけれど、都会とは違う日本の様子を知ることができました。

こうした経験から思うのは、やはり語学の持つ力は大きいということです。

そこの人たちがどんなふうに暮らしているかは、通り一遍の旅行だとわかりません。でも訪ねる国の言語がほんのわずかでもできれば、たくさんの人と親交を深めることができますし、その国や地域の実態を知ることもできます。自分の国の言葉で話をしようとしてくれている。それに対して悪い気持ちがする人はいません。むしろ大歓迎してくれるでしょう。

言葉に関しては、その場限りであとは忘れてしまってもいい。できるだけ覚えて使おうと努力することで、滞在を有意義で楽しいものにしてくれるだけでなく、思わぬ出会いや心に残る触れ合いが生まれて、自分の人間性そのものを豊かにしてくれると思っています。それが、いつまでも外国語を学び続けたいというモチベーションになっているのです。

「英語ができなくても困らない」はある意味本当だけれど……

言葉とはコミュニケーションの道具です。これがなければ人とつながることはできません。僕が12ヵ国語を話せて一番よかったなと思うのは、どこに行っても友達を作れたことです。だから、少なくとも国際語である英語を身に付けることは、世界中に友達を作れるようになるという部分においても有益だと思います。

もちろん、中には「そんな必要はない」と思っている人もいるでしょう。そもそも「日本にいれば英語ができなくても何ら問題はない」との意見もあります。この考え方は一理あると言えば、一理あります。日本国内で生活している分には、確かに日本語だけで何も困りません。

英語があまりできないと自認している日本の知り合い何人かに、こう尋ねたことがあります。「英語ができなくて困ったことはある？」。返ってきた答えのほとんどは「特にない」でした。でも、「本人は困らないと思っても、やっぱり英語ができないことで損をしている部分がある」と僕は確信しています。

何が損かというと、まず一番目は、情報化社会の中にあって情報源が少なくなることが挙げられます。すなわち、得られる情報が偏ってしまうのです。インターネット上には、日本語でも無数の情報があります。実際、一生かけても全部は読めないぐらいの情報量でしょう。しかし英語を使ったものだとその50倍、もしかしたら100倍近い情報量があるかもしれないのです。

そして、ここが肝心なところです。英語を読めないと、日本人にとって知っておくべき大事な情報を得る機会を失ってしまうのです。

例えば皇后陛下の雅子さまが、当時皇太子だった浩宮さまと結婚が決まったことを日本ではしばらく報じませんでした。最初にニュースにしたのはアメリカのワシントンポストで、耳にした話として日本特派員が記事を載せ、それで仕方なく宮内庁も発表せざるを得なくなりました。

皇室関係の話では昭和天皇が病で倒れた際も、日本の新聞はどこも病名を書いていませんでした。病状が悪化したときの宮内庁の発表も「慢性膵臓炎」でした。しかし海外の新聞は最初から「大腸がん」と報じていたのです。日本で本当の病名が明らかにされたのは崩御の後で、そこで初めて「十二指腸乳頭周囲腫瘍（腺がん）」であったことが国民に知らされました。

皇室に関することもそうですが、政治や外交に関すること、海外で起きていること、そして日本がどのように世界から見られているか、これは日本の中で日本の報道にしか触れていないとわかりません。

もちろん他の国でも、国民に知られると都合が悪いことを、政府はときに報道機関に圧力をかけて報じさせなかったりします。情報というのは操れるもので、知らせるか知らせないかは恣意的にコントロールできてしまいます。日本も例外ではなく、国内向けでは伏せられていることが、海外では報道されているケースは結構多いのです。

だから海外のニュースを直接見たり聞いたりできると、他の人は知ることができない情報を入手することができます。外国語、今の話で言うなら英語ですが、それができたほうが多くの情報を得る、真実を知るの両方の点において有利なのですね。

二番目として、映画や本に関してでも日本に入ってくるのはごく一部です。世界中で良い映画がたくさん制作されていて、そのほとんどに英語版があります。ですから英語ができれば、日本では観ることができない作品を英語の字幕で楽しむことができます。

本も同じで、世界の名作は大体が英訳されています。しかし日本の本の市場は昔より縮小していることもあって、ますます日本語で読める海外の良書は減っています。出版社にとって英語訳を買って読む人の数と、日本語訳が売れる数を比べればマーケットの規模の違いは明らかですから、力の入れ方も変わります。世界的大ベストセラーといった数少ない本が入ってくる程度ですから、英語が読めないと最新の海外文学と出合うチャンスも少なくなってしまうのです。

また外国語ができるかできないかで、歴史認識も変わってくるでしょう。例えば、昔から「ある国の歴史を知りたいならば、その隣の国の歴史教科書を買いなさい」ということがよく言われています。

教科書で自国の歴史を客観的に書いている国は皆無です。それは当然ですよね。自分たちの国の歴史はやはり肯定的に書きたいですし、事実を記すにしても見方はどうしても主観的になります。それについては批判もしないし、そういうものだろうと思います。

歴史的な出来事というのは、立場が変わると見え方が違ってくるものです。戦争した国同士では、教科書の記述も、自分の国から見た戦争の事実ということで主観が強くなりがちですが、関係ない国の教科書だと第三者的視点で、ある程度冷静に客観的に書かれていることが少なくありません。ですから外国語ができれば、異なる視点で自国の歴史を知ることが可能になるのです。こういうところも、英語ができないと損することになります。

健康に関することも、英語ができたほうが得をします。

僕は口内炎がよくできて、痛いし治るまで時間がかかるしで、ずっと悩みの種でした。日本で売られている口内炎の治療薬というと、長らく軟膏タイプのものしかなく、これが本当に使いづらいのです。指にのせて塗ろうと思っても患部になかなかついてくれなくて、使うたびにイラッとしていました。口内炎で軟膏薬を使ったことがある方なら、この気持ちをよく理解してもらえると思います。

以前ニュージーランドでも口内炎になり、そのとき薬局で薦められたジェルタイプの『ボンジェラ』というイギリスの薬がとても使いやすく、症状が出るたびにたくさん買ってくればよかったと後悔していたのですが、あるときニュージーランドのネットサイトで探してみて、とうとう見つけることができました。ちなみに、今は日本でも便利な薬の種類が増えて困りません。

このように海外の良いものを情報として得て、インターネットを通じて海外サイトから購入するといったことを、今は簡単にできるようになりました。もちろん自分の健康に直結するものですし、個人輸入は自己責任になるため、購入には慎重な判断と注意が必要です。でも、その際も英語ができると判断材料がそれだけ増えることにつながるのです。

英語が使えるようになると、アクセスできる情報が格段に多くなることは間違いないですし、自分の世界が大きく広がっていくのです。

外国語は自分の世界を広げるためにあるもの

もし、日本にいても英語ができなければ困るという状況が多かったら、間違いなく日本人はみんな頑張って勉強して英語ができるようになるはずです。

しかし現状はそうでないことに加え、英語の習得には努力がいりますし、時間もかかります。英語を使ってこういう仕事がしたいといった夢のある人は別ですが、多くの場合、日本では勉強する目的もありません。すると途中のどこかで「まあ、できなくても特に困らないし」になっていくのではないかと思うのです。必要性を感じなければ、勉強する気持ちを維持するのは難しいですよね。

ですから将来的に子どもにしっかり勉強してほしいと思ったら、英語を学ぶ意義について教えてあげることが大事ではないかと思います。

世の中には、自分の生まれ育った町や村を出ることなく、同じ場所で一生を送る人もいます。たとえ生活の範囲が狭くても、不便を感じることなく幸せに過ごすことは可能でしょう。

でも一方で、例えば今までずっと九州で暮らしてきたけれど、今度は東北に住むのもありですし、そのほうが何かしら自分の成長につながるかもしれません。

料理もそうでしょう。僕も和食は大好きですが、時々パスタを食べたり中華料理を食べたりインド料理を食べたり、「やっぱりちょっと高いな」と思いながらもフランス料理を食べたりすると、おいしいなと感じますし、変化があって気持ちが満たされます。

外国語も同じようなものなのです。英語ができることによって、自分の生活の水準が上がり、刺激が増えて世界がとても広がります。

それに、日本に来た外国人と友達になることもできます。その中には、僕みたいに長い間日本に住んでいて日本語だけで友人になれる人もいますが、英語しか話せない人、自分の母国語と英語しか話せない人、観光で日本に来た人たちと親しくなるには英語でのコミュニケーションが必要です。だから英語ができれば、そうしたチャンスがぐっと増えることは言うまでもありません。

世界に友達の輪が広がると、よその国の出来事を自分事として考えられるようになります。例えばベルギーの人と友人になるとその国の文化に関心が持てるようになり、ベルギーで自然災害やテロといったことが起これば、どこか対岸の火事ではなく、大切な友達のいる国で起こった心配な出来事として、より身近に、共感を持って捉えることができるようになります。つまり、世界の国々が自分の中で近くなるのです。

このように、外国語を学ぶことは異文化に触れる、自分の視野が広がるチャンスになっていきます。自分の国とは違う価値観、生き方を知ることは、自分の器を大きく広げてくれることにつながります。

さらには、さまざまな場面で周りの日本人と違う発想ができるようになり、日本人同士での生活でもプラスとして活かされていくはずです。海外で暮らした経験、そこで見たものの体験したものから閃《ひらめ》きを得て、次の一手を考えたり、周りの人たちを導いたり、それこそ豊かな発想力を発揮できたりするようになるでしょう。

そして何よりも大きなメリットは、心の門戸が広くなることです。

僕は学校で指示された本は読んだけれども、基本的に文学にあまり関心がありませんでした。でもドイツ語をもっと上手になりたいと思ったとき、ゲーテやシラーの長い詩をドイツ語で暗記したり、ドイツ語で書かれた本を図書館で借りて読んだりするようになり、それまで知ることのなかった文化や考え方に触れて外の世界への興味が芽生えて、心が大きく解放されました。それによって間違いなく、自分の人生が前よりも豊かになったと感じています。

外国語の勉強をただのスキルとして学ぶのは、はっきり言って面白くも何ともありません。スキルを身に付けることだけが目標なら、それは「学習」ではなく「勉強」です。学習と勉強は違います。勉強したことを活かして異なる文化や文明に触れ、ドキドキわくわくしたり、感動したり、何て面白いんだろうと感じたりして、もっと深めていきたくなるのが学習です。そこから新しい目標がどんどん生まれて、外国語を学び続けようとする原動力にもなっていってくれます。

小さな島国である日本から、イギリスとアメリカに限らず、世界全体を知るための窓となってくれるのが英語です。だから、英語を「世界への窓」と思って学習に励んでほしいのです。

語学の目的はスキル習得ではなくコミュニケーション

英語のレベルは高いに越したことはありません。でも、英語力がそれほどなくても基本的なコミュニケーションは可能です。外国語を学んで感じたのは、意外と相手もこちらのレベルに合わせて話をしてくれるんだなということでした。僕の場合、大学教授のような人たちと話すことが多かったこともあるかもしれませんが、言語習得がまだまだで、とても下手だったときでも話が通じたからです。

普段は難しい言葉を使って大学院生たちに説明しているような人たちが、僕相手では難しい単語や言い回しは避け、言いたいことは短い文章にして、通じたかどうかを確認しつつ、順序よく話をしてくれました。

このように、話す相手によっては、つねにこの人はどのぐらいのレベルかを考えて伝え方を変えてくれるものです。

また、こんなことも学びました。大して話せなくても、人に自分の意見を伝えようとする努力があれば、少ない語彙力でも何とかなるということです。大事なのは、自分の言いたいことを自分の言語能力に合わせて表現しようとする意欲なのです。

例えば日本語を習い始めたとき、知っている日本語が１００語であっても言いたいことは伝えられました。当然そこには「食う」も「召し上がる」も「いただく」もなくて、すべて「食べる」になってしまいますし、最初は「僕」「俺」「わし」「我々」なんて使い分けも知らないので、「私」「私たち」という表現のみになってしまいます。それでも、伝えたいことは大体伝えることができたのです。

苦労したのは聞き取るほうで、相手が僕の日本語レベルを無視して普通の日本人と会話するように答えを返してきたら、半分、ときには3分の1もわかりませんでした。日本人が英語でのコミュニケーションに苦労するのも、おそらくは聞き取る力の不足が大きいからではないかと思います。

その背景には、日本の学校の英語教育の問題もあります。日本では「話す・聞く・読む・書く」の言語習得4技能のうち、長らく「読む」「書く」に重きが置かれてきました。どちらかというと受験のための英語の要素が強く、これではコミュニケーションとしての英語が身に付かないと問題視する声が早くから出ていたのですが、それがようやく変わってきています。

例えば大学入試改革の一環で、センター試験に替わって導入された2020年度の大学入学共通テストでは、リスニングの配点が変わりました。センター試験では「筆記200点、リスニング50点」だったものが、共通テストでは「リーディング（従来の筆記）100

0点、リスニング100点」と、聞く力に関しての配点が高まっています。

また、皆さんもすでに知っての通り、2020年度から実施されている新学習指導要領で、小学校の英語授業が変わりました。小学校3年・4年で外国語活動が始まり、5年・6年では英語が教科として加わりました。学ぶ内容も話す・聞く力の習得に重きが置かれています。すなわち日本の英語教育は、ようやくコミュニケーション重視の方向に、大きく舵《かじ》を切ったということです。

日本の教育は「話す・伝える」ことを重視していない

こうした変化は良いことだし、先ほど触れたように自分の世界を広げる上でも、外国語でコミュニケーションできる力はあったほうがいいと思っています。

ただしその前に、もっと子どもたちに付けておいてあげるべき根本の力があるとも考えています。自分の考えを話す・伝える力です。

実はヨーロッパの教育にはあって、日本の教育にはないものが一つだけあります。何かおわかりでしょうか？　答えは口頭試験です。

日本の教育もある程度変わってきて、以前より1分間スピーチやディベートなどを行う学校は増えてきているとは言えるでしょう。それでも僕の目には、まだまだ話す力を付ける教育にはなっていないと映ります。

僕が学んだ学校もそうでしたが、ヨーロッパでは授業の始まりの最初10分間は、先生が2～3人の生徒を指名して、前回の授業に関する内容をテーマに、自分なりに感じたことや考えたことを発表させるのが普通です。

もちろん、あまり上手に話せない人もいれば、ものすごく饒舌に語れる人もいましたけれど、そこでも成績がついたので、家では必ず学んだものを復習し、予習もしておくことが当たり前だったのです。先生も、今日当たったからしばらくは大丈夫と気を抜かないよう、わざと同じ生徒を2日連続で指名したこともありました。

口頭試験は、ペーパー試験ほど平等ではないかもしれませんが、誰かが話していることを聞くこと自体が「なるほど、こういうふうに語ればいいのか」と参考になったり、「自分はそうは思わない」と自分自身の考えをまとめたりする、良い勉強になりました。

加えて作文や感想文、論文もたくさん書かされましたから、日ごろから自分の考えや意見をまとめる訓練もできていました。

それに対して、日本の学校の試験はすべて文字で書かせる試験です。とはいえ作文や論文はあまり試験にありません。僕たちが経験したような口頭試験もないわけですから、日本の子どもたちは全般的に、自分の内にある曖昧とした思いや考えをまとめ、言葉にして人に伝える練習が足りていないと感じています。ですから、成績はどうつけるのかといった心配はあるかもしれませんが、口頭試験はあったほうがいいのではないかという気がするのです。

それでなくとも日本は、言葉ではっきりと意見を伝えるコミュニケーションが少ない社会です。

上意下達の根強い縦社会でもありますね。その分、クラス、会社、社会といった集団でまとまりやすく、一致団結で力を発揮しやすいといった良い面はあります。しかしコミュニケーション力となると、かなりマイナスな面もあると僕は感じているのです。

日本語にも、日本的社会の特徴はよく表れています。

もし外国に行くとなったとき、皆さんが最初に知っておきたい言葉は、その国で「はい」「いいえ」をどう言うかではないでしょうか。英語なら「イエス」と「ノー」、フランス語だったら「ウイ」と「ノン」、ロシア語だと「ダー」と「ニェット」などです。なぜなら、自分の意思表示をする最も簡単な単語が、この2つだからです。

多くの国は、「はい」はそのまま肯定や同意を意味し、「いいえ」は断りや否定の表現として使われています。ところが日本語の場合は、その限りではありません。

日本語の「はい」は、同意の他に「あなたの話を聞いています」という相槌や「自分はここにいます」といった所在確認でも使われたりします。そして「いいえ」は、拒否と解される強い言葉でもあるためストレートに口にされることは滅多にありません。社長が言ったことに対して、平社員の自分が「いいえ」などと言おうものなら、どんなことになるか想像するのも恐ろしいと思うのが日本人でしょう。

また、会社でのお互いの呼び方もファーストネームは使われませんね。アメリカでは立場や役割に関係なく、互いをファーストネームで呼び合います。社長に対しても「ミスター・フランクル」ではなく「ピーター」です。それは特別なことでも何でもなく、むしろ「ミスター」や「ミズ」を付けるほうが不自然なことなのです。

でも日本の会社は、「田中部長」「鈴木課長」「佐藤先輩」など、苗字に役割を付けることがよくあります。これは「スミス大佐」「ジョーンズ中尉」「ミラー伍長」のように、苗字に階級を必ず付ける外国の軍隊と同じ上意下達の呼び方です。上から下へ命令を届きやすくすると同時に、関係性において「分をわきまえる」ことが求められるわけです。

会社の中ではそれでいいとしても、上下のある人間関係に慣れてしまうと、自分の意見はあまりはっきり言わないほうがよいといった態度が身に付いてしまいます。それが海外の人とコミュニケーションをする際には、大きな妨げとなってしまうのです。

自分の意見を述べられる人にしてあげよう

そもそも日本は昔から、狭い国土にたくさんの人が住んでいることで、居づらくならないように対立は避けなければならないといった地理的な歴史や文化があります。

戦国時代に喧嘩両成敗という法秩序が生まれましたが、喧嘩や争いごとに関しては、起こした双方とも悪いとする考え方は今でも残っていて、喧嘩や争いごとはなるべく避けようとします。だから、ものをあまり直接的に言おうとしません。「私はこう思う」というような英語っぽい言い方ではなく、「この間、それについて新聞でこう書いてあった」など間接的な伝え方が多いのも、そこに起因しているのでしょう。

話しているときも相手の立場を考え、配慮した物言いをすることが良しとされてきたことで、日本人は発表や討論が苦手とも言われています。確かにそうかもしれません。ただし僕は、必ずしもそれだけが原因ではないと考えています。一番は練習不足、すなわち子どものうちから意見を表明する練習をしていないことに尽きると思っているのです。

人と争うことは良くないこと、みんな仲良くと日本の子どもたちは教えられます。そのため、相手に配慮して自分の意見は主張しない、考えは明らかにしない。そうした方向に成長していきます。しかし、国際社会でそれは通用しません。おそらく、これからの日本社会でも、自分の意見をきちんと言葉にして述べられなければマイナス要素になってしまうでしょう。

特に日本人が慣れていないと僕が感じているのは、意見が違ったときにどう対応するかです。意見の対立が起こると、相手から自分自身を丸ごと否定されたように感じてしまう人が日本には多いように感じるのですが、皆さんはいかがでしょう?

相手が言っていることと自分の考えは違っていていいし、一人ひとりは異なる人間なのですから、意見の相違はあって当たり前です。「自分はそうは思わない」と言ったり言われたりすることは、その人自身を否定することではありません。

僕が在籍していたフランスの数学研究チームに、支持政党がまったく正反対の2人がいました。1人は共産党、もう1人は中道右派の保守政党を支持していたので、政治が話題になると激しく言い争うこともたびたびでした。けれども、その話が終わった後はチェスをしたり、食事に出かけたり、実に仲の良い友人同士なのです。

ある事柄で意見や考えが合わなくても、その人とは仲の良い友達でいられる。このことを日本の子どもたちにはしっかり伝えていかなければならない。

衝突は避け摩擦も極力なくそうとする心性は、奥ゆかしくて美しい日本の文化につながるものだと思いますし、毎日の生活を平穏無事に生きるための日本人ならではの知恵でもあると思います。けれど、外国語を学ぶ上ではそれが障壁となってしまってもいます。ですから、日本特有のコミュニケーションの在り方をどこかで乗り越えないといけません。

それには小さいときから、自分の意見を伝える練習が必要です。学校でできないのであれば、親が意識して意見を述べ合う機会を作り、考えを表明することはけっして悪いことではないと教えて、コミュニケーション能力を伸ばしていくことが必要です。

また、そのためにはぜひ親御さんたちが、自ら率先垂範でいろいろな人と意見を交わしたり、話し合いをしたりしてロールモデルになってあげてほしいのです。

英語でコミュニケーションするという点においても、親が先に例を示してあげることが大切です。外国語を学ばせたいと考えている親子が外国人に会ったとき、よく見かけるのは、親が「ほら、英語で話しなさい」「あの人にこう言いなさい」と子どもの背中を押す光景なのですが、それでは子どもは不安で恥ずかしくて話せません。

お勧めしたいのは、旅の恥はかき捨てと思って親がその人に声をかけ、一言でも二言でも英語で会話をして見せることです。何となく場が行き詰まったら「Thank you! Have a nice day」と言って立ち去ればよいのです。そうした姿勢を見せていくうちに、子どもも安心して自分から声をかけることが平気になっていきます。

子どもにたくさん話をさせ、意志を伝える練習を

それから、もう一つ親の皆さんにお願いしたいのが、日ごろから正確な表現で子どもと会話をすることです。「あそこのあれを取って」でも、日本では以心伝心で通じてしまうでしょう。それを極力なくしてほしいのです。「テーブルの上の眼鏡を取ってくれる?」「食器棚の下の黄色いお皿を持ってきてくれる?」のように、「あれ」で済ませることなく、文章できちんと伝えるよう意識してもらいたいのです。

同様に、子どもにも正確な言葉で伝えることを教えてあげてください。「あれがほしい」と言われたら、わかってもわからない振りをして「何がほしいの?」と訊き返し、「本」と言われたら、そこでも「右にあるピーターラビットと書いてある本がほしいの? だったら、ちゃんとそのように言おうね」と正して、言葉を丁寧かつ正確に使えるように意識させていきましょう。

小さいときから言葉をできるだけたくさん使って、自分の要求を伝えられるようにすることは、話す力を付けることにつながり、人とのコミュニケーションの第一歩にもなるからです。

絵本の朗読や読み聞かせでも、子どもに話をさせることを大事にしてみてください。ど

の子にも、お気に入りの絵本が何冊かあると思います。それを繰り返し読んで、ページをめくる前に「次に出てくるのは何だっけ?」と尋ねてみましょう。大好きな話ですから子どももちゃんと覚えていて、「オオカミが出てきて、子ヤギたちは隠れちゃう」「北風さんが男の人の服を脱がそうとする」など、案外しっかりと説明してくれます。

絵本を読み終わった後に、「もし子ヤギたちが隠れなかったらどうなっていただろうね」「どうして北風さんは太陽に負けちゃったと思う?」と質問して、親子で話をしてみるのもよいですね。このようにして子どもにも読み聞かせに参加してもらうことは、話す練習になると同時に、考える力を付ける上でも効果的です。

また、日本に帰化したアメリカ人の友人は、自分の子どもにも友人の子どもたちにも、よく自作の話をしてあげていました。

彼のやり方がユニークだったのは、必ず子どもたちを話作りに参加させたところです。例えば「そのとき、すごく大きな音がして……。それから何があったと思う?」と続きを子どもたちに考えてもらうのです。すると「窓が割れて、そこから大きな木の妖精が枝を伸ばしてきた」「その木の妖精は光の女王の使いだった」など、子どもたちも想像力を駆使してストーリーをつなげていってくれます。子どもが主導して、思い付くまま膨らませていくので話の筋はどんどん変わりますし、ときに最後の落ちがなくて終わってしまうかもしれませんが、やってみると子どもだけでなく、大人も結構楽しめます。

親はちょっと大変ですが、子どもとオリジナルの物語を創り上げていくというのは、言葉の力と考える力の両方が育ちますから、とても有効な方法ではないかと思います。

家族ぐるみのつき合いをもっと増やそう

さらに、子どものコミュニケーション能力を育てる上で、最も有効であると考えている方法があります。それは何かと言うと、互いの家を行き来するような家族ぐるみのつき合いです。

ハンガリーの僕の家には、しょっちゅう両親の友人が遊びに来ていました。僕たち家族も、よその家によく遊びに行きました。そこで大人に混じって食事を一緒にしたり、チェスやトランプゲームに交ぜてもらったり、ときにクイズ大会などをしたりしながら時間を過ごしました。

子どもは子ども同士、大人は大人同士で過ごすこともありましたが、大人たちの難しい話を聞くのも、よくわからないなりに社会を知ったり、いろいろな人の人生や価値観を知ったりする大事な機会になってくれたのです。

子どもにとって、大人の世界に入れてもらえて話を聞いてもらえることは、それだけで嬉しくて楽しいものですし、自分の言ったことに対する大人たちの反応から、世の中にはさまざまな考え方を持つ人たちがいて、生き方も人それぞれであると知ることができます。これはコミュニケーションに必要な土台を育てていくことにもつながります。

残念ながら、日本ではこうした家族ぐるみでのつき合いが多くありません。子どもが園児や低学年の間はママ友家族と多少行き来があっても、自分の友人や会社関係の仲間を家に招くことはあまりないのではないでしょうか。そうした人たちとは、外で会って食事をすることがほとんどだと思います。また園や学校でつながっていた人たちとも、子どもが成長するにつれて家族ぐるみで何かをすることは減っていってしまいます。

やることがいろいろあって忙しい、家が片付いていないなどを理由に他人を招かない家庭は多いのですが、核家族化が進んでいる中、それでは子どもたちが親や先生以外の大人と触れ合う機会を失ってしまうことになり、人間の多様性を学ぶ貴重な体験も少なくなってしまいます。

親の言うことを聞いてくれない子どもでも、他の大人の話には素直に耳を貸すことがよくありますから、それを考えても、日本人が家族ぐるみのつき合いをしないことは大変もったいないと思うのです。

自分とは異なる人たちと豊かな人間関係を築くには、人は一人ひとり違っているという、当たり前だけれど忘れてしまいがちなことを大切にしていかなければなりません。子どものときから家族以外の大人たちと過ごす体験は、そこへの理解を早くから培ってくれます。そのことは言うまでもなく、コミュニケーション能力の面においても良い影響を及ぼしてくれます。

ですから、自分の友人たちを家に招いたり、相手のお宅に行ったりすることを大切にしていただきたいと思うのです。きれいに片付いていなくたっていいではありませんか。料理だって、頑張って用意する必要はありません。持ち寄りにしてもいいのです。集まれば大人も楽しいですし、いろいろな大人たちと触れ合うことが子どものプラスになってくれると、ぜひ発想を変えてみてください。

第４章まとめ

◆外国語を学ぶ真の目的は、そこで暮らす人たちと親交を深め、文化や生活を知って自分の人間性を豊かにすること

◆英語が使えるようになると、他の人は知ることができない情報を入手でき、多くの情報が得られることで、真実がわかる、教養が増える

◆英語ができると世界に友達ができ、違う価値観・生き方を知ることで器が大きくなる

◆そのためには「コミュニケーション力」が大事

◆小さいうちから、自分の言葉で考えや思いを伝えられるようにしてあげよう

◆日ごろから正確な言葉を使って話すこと、子どもにたくさん話をさせることを意識すれば、伝える力と話す力が付いていく

◆親以外の大人と触れる機会も作って、さまざまな考え方を持つ人たちがいることも見せてあげよう

第5章

僕が出会った真の国際人

英語ができれば国際人になれる？

「国際化」や「真の国際人」というテーマでよく講演の依頼を受けています。やっぱり、多くの日本人にとっても「国際人とはどういうものか」を知っておきたい思いが強いからでしょう。

まず伝えておきたいのは、英語を勉強して話せるようになったからといって、すぐさま国際人になれるわけではないということです。

もちろん、英語でコミュニケーションができるようになれば、世界のさまざまな国の人と関係性が作れます。海外の友人が増えるでしょうし、外国から情報を入手することができるようになり、視野も広がっていくでしょう。その意味で、英語が話せることは国際社会とつながることのできる有力な手段になります。

しかし、コミュニケーションのためのツールを持っていることと、本当の意味で国際人であることはイコールではありません。

では、真の国際人とはどういう人を言うのでしょうか。それについて触れる前に、僕自身が「これが国際人ということか！」と感じた体験をお話ししたいと思います。

今から40年前、ハンガリー生まれの友達が当時住んでいたロサンゼルスに遊びに行くことにしました。事前にＵＣＬＡ（カリフォルニア大学ロサンゼルス校）の知り合いの先生にも電話をして、どうせ行くのだから近くのいくつかの学校で講演もできたらいいと考えていることを伝え、ＵＣＬＡを含む３つの大学での講演をアレンジしてもらったのです。

その際、大学から講演料を払いたいと申し出がありました。講演料といっても、日本円にすると当時のレートで３万円ぐらいです。僕はお金なんかいらないと考えていたのですが、そう言ってくれた気持ちを汲んでありがたく受け取ることにしました。

でも、そうなると普通の観光ビザでは謝礼の受け取りはできません。ビザの種類を変えなければならず、ＵＣＬＡの学科長が書いてくれた手紙を携えて、ロサンゼルスの入国管理局まで足を運びました。

入国管理局は当時もうすでに、メキシコから米国に移住を希望する人たちであふれんばかりでしたから、手続きには丸一日かかりそうだと椅子に座って数学の問題を考え始めました。

しかし、15分足らずで役職のある人の部屋へと呼ばれたのです。そのときは何を言われるのかと、正直ものすごく緊張していました。というのも、観光ビザで入国したフランスで亡命を申請しようとしたときには、フランス入国管理局の人に「ハンガリー人のあなたに亡命は認められないだろう。だからもう帰ったほうがいいよ。無駄だから」と、けんもほろろな態度をとられた体験があったからです。

結果的に、博士号を持っていることなどからきちんと認められましたが、自分の国には定住してほしくないという態度を見せられて嫌な気持ちを味わったこと、そのときの不安な気持ちが、悲しい記憶として僕の中に蘇ってきました。

ところが、このときは違っていました。ビザがスムーズに発行されただけでなく、「このままアメリカに残ってほしい」とまで言われたのです。

UCLAの学科長が書いてくれた手紙には、僕がどれほど優秀か、こんな人材はいないなど、読んでいてこちらが恥ずかしくなるほどの誉め言葉が綴られていたようです。「名門大学のUCLAがこれほどの評価をしている人材を、フランスに帰すわけにはいかない。アメリカにも必要な人だから、ぜひ残ってください」と言われて、握手まで求められました。

国際化とか国際人といった言葉は、グローバル化が進む中で当たり前のように使われています。

しかし、何をもってそう言うのかは実はかなり曖昧で、人によって定義は異なります。ただ間違いなく言えることは、たとえどんなに英語が上手だったとしても、国や国籍や地位や肩書で相手を判断する視点を持ち続けていたら、本当の意味での国際人にはなれないだろうということです。

ロサンゼルスの入国管理局で「これが国際人だ」と感じた理由も、その人が僕の国籍とかは一切関係なく、技能を持つ一人の人間として評価してくれたからでした。国際人とはどのような人かを説明するにあたり、ここは最も大切で基本の部分であると考えています。

これまで出会ったすごい国際人たち

僕の考えをもう少し理解していただくため、これまで出会った人たちの中で「この人は真の国際人」と感じた人の話を続けましょう。

一人目は、偉大なハンガリー人数学者であるポール・エルデシュです。20世紀では最多となる1500本もの論文を発表し、放浪の天才数学者として伝記にもなっている有名な先生です。

エルデシュは一人でも多くの数学者と共同研究をすることを目的に、つねに世界各国を巡回していました。どこか一ヵ所に留まって働くことはせず、30代後半から83歳で亡くなるまで、旅費やホテル代を出してもらってゲスト講師として大学で講演をしたり、学会に出たり、知り合いの数学者の家に泊めてもらって論文を共同執筆したり、まさに放浪数学者と呼ばれるに相応《ふさわ》しい生活を送っていたのです。

持ち物もスーツケース一つに収まってしまう量で、物欲もまったくなく、賞などで得たお金はほとんど周囲にいる困っている人たちにあげてしまいました。どこの大学でも、すぐに仲間を見つけていたので、研究する分野も多岐にわたっていました。

僕にしてみると、数学界の中では一番の国際人がエルデシュです。なぜなら、数学者であれば国がどこか、相手がただの学生か有名な教授か、お金があるかないかなんてことは一切関係なく、誰とでもいつでも仲良くなれる広い心の持ち主だったからです。

僕もその恩恵に与《あずか》りました。１９７５年、まだ留学生としてフランスで学んでいた頃、パリに来ていた彼に誘われて、イランの数学者と３人でパリのカルチェ・ラタンにある地下の素敵なお店で、日本料理のすき焼きを食べた思い出があります。僕にとっては初めてのすき焼きであり、初めてイスラムの人と食事を共にした経験でもありました。

数学でつながっていれば誰であっても同じ態度で臨み、来る者は拒まずでつねに仲間を増やしたいと考えるエルデシュのポジティブな姿勢は、まさに僕が考える国際人の姿の一つなのです。

もう一人は、ドイツ人女性のダグマルです。彼女はドイツの大学で英語を学んでいて、フルブライト奨学金で一年間ほど留学生としてアメリカに渡り、ドイツに戻って大学を卒業した後に高等学校の英語教員になりました。

4歳年上の彼女と出会ったのは28歳のとき。インドから帰ってきたばかりの頃でした。このときの話は第4章でも少し紹介していますが、初めてのアジアだったインドで、自分とは違う生き方があることや、生き方は違っても優しい人がたくさんいることを知り、僕の視野もそれなりに広がっていました。僕の数学の才能には特に興味も関心もなさそうな彼女でしたが、数ヵ月のインド滞在によって民族や文化などで人に優劣を付けなくなったところを気に入ってくれたのか、恋人として付き合うようになったのです。

一人の女性としても彼女のことが本当に大好きだったのですが、今でも感謝しているのは、僕の国際感覚を正してくれたことです。彼女には多くのことを教えられました。

ダグマルは学生の頃から旅行が好きで、教員になってからも春夏秋冬の長い休暇を利用してさまざまな国を訪れていました。旅行の仕方もバックパッカーのように安い宿に泊まり、現地の人が行くお店で食事をして、そこに住む人たちの目線で楽しむことを大事にしていました。

そんなふうにして経験したことをよく話してくれましたが、彼女の話には訪ねた国についての悪口や文句が一切なく、どんなところが楽しかったか、こんな人たちがいてこんなにいいことがあったということしか出てきませんでした。

トルコを一人で旅しているときには、トルコ人の男性に襲われて何とか逃げることができたといった危ない目にも遭っています。女性にしてみたら、そんな経験をした国に対して好感情など持てるものではないでしょう。でも彼女からは、トルコは嫌いとか、トルコ人は嫌だといった言葉を聞いたことはありません。どこの国にもいる変な人にたまたま遭遇してしまった、自分の服装も不注意だったと考えていて、トルコの海の美しさ、食べ物のおいしさなど、いいところをたくさん話して聞かせてくれたのです。

ドイツにはトルコからの移民が大変多く、彼らの多くがイスラム教徒で独自の社会を作っていることもあり、長らくドイツにおける社会問題の一つとされてきました。もともとは1950年代頃から、労働者不足を補うために集められた移民労働者の人たちです。だから1980年代当時もドイツには数多くのトルコ移民が暮らしていて、近所にトルコ人のお店もありました。彼女は彼らとも親しく、友達になれそうなら誰とでも仲良くしたい、友人はどこにでもいると考えている人でした。

一方で、アメリカの覇権主義について教えてくれたのもダグマルです。

ハンガリーに生まれた僕はソ連の覇権主義を身近に感じていましたから、それに比べるとまだアメリカのほうがマシと思えて、オリンピックでも何でも、アメリカvsソ連の構図があると必ずアメリカを応援していました。

そんな僕に対して、自分たちの正義を他国に押し付け、それに従うところは庇護下に置くけれど、そうではないところには非情な態度をとり、場合によっては軍事力を使うアメリカの欺瞞《ぎまん》や「自分たちだけが正しい」と考える窮屈さを教えてくれたのです。

アメリカには自由の国のイメージがありますが、ニューヨークやロサンゼルスといった大都市を除くと、海外にまったく関心がなく、アメリカこそが一番だと考えている閉鎖的な人たちも圧倒的な数です。そうしたアメリカ人たちより、方々の国を心のままに旅して、いろいろな国の人と友達になった彼女のほうがはるかに自由で、おそらく何倍も人生を楽しんだはずです。

僕に旅の楽しさと豊かさを改めて気付かせてくれたのも彼女ですし、何よりも偏見を持たずにさまざまな人と触れ合い友達になろうとする姿は、真の国際人そのものだと思えるのです。

そしてもう一人、僕の大学の恩師であり、長年の友人でもあるカトナ先生も紹介しておきたいと思います。

もう80歳になりますが、彼も若い頃から旅が好きでした。世界各国で開かれる数学の国際会議にも喜んで出かけていましたし、途上国も積極的に訪れていました。最近は、インドと中国にも仕事でよく出かけています。人口の多い両国では、大学教育にも力を注いでおり、それに貢献したいと考えて集中講義を引き受けているからです。僕も彼の推薦で数学の会議に招かれて、パキスタンやイランなど、行ったことのない国に行くことができました。

彼と僕の共通点は、外国語を進んで勉強し、いろいろな国の言葉を積極的に習得しようとしているところです。共通点とは言いましたが、実際は僕が先生の後を追い、その結果似ていったと言ったほうが正確かもしれません。

2人とも語学の習得を熱心にやってきましたが、イランに行ったときは、素直に僕の負けを認めざるを得ませんでした。

テヘランの大学でサイードという数学者と友達になった僕は、彼の講義に出た後で学生たちに大道芸を披露したり、彼と小学校をいくつか回って、そこでも大道芸をして見せたりして過ごしていました。

テヘランの一番の大通りで大道芸をやったときは、警察が来て、ちょっとした騒ぎになってしまったこともあります。やめさせようとする警察に、サイードが、僕がただ芸を見せているだけでお金ももらっていないし、政治的な思惑もないということを一所懸命説明してくれて何とか事なきを得たのですが、僕がそんなことをしている間、カトナ先生はずっとペルシャ語を猛勉強していたのです。

講演では、スライドの中にペルシャ文字でことわざを入れて会場から笑いをとっていて、ペルシャ語の習得では彼に随分と後れをとってしまったと実感させられることになりました。

語学への情熱もそうですが、カトナ先生を素晴らしいと感じているのは、世の中の多様性を認めてそれを積極的に楽しんでいるからです。いろいろな民族や宗教があって、考え方もそれぞれ違っているけれど、そうしたものを乗り越えて友達を増やしていこうとするところ、80歳になっていても旺盛な好奇心が衰えないところは「さすがだな」と思わざるを得ません。そして何よりも国際人らしいと感じる部分は、まずは相手を認め、その人をけっして悪く言わない点です。

さて、ここまで紹介した3人に共通するものは何でしょうか。それは、ひと言でいうなら「開かれた心」です。僕が考える国際人とはまさに、彼らのように相手と自分の違いを認めつつ、それすらも良いものとして捉え、悪いところではなく善さを探して友達になろうと考えられる人、またそうした行動がとれる人なのです。

でもそれには心の中にある壁をなくしていかなくてはいけません。すなわち「自分は○

○人」とか「○○人だからこうなのだろう」と頭でっかちに判断することや、自分と異なる人を受け入れないといった姿勢は見直していく必要があるのです。

日本人が取り払うべきは言葉の壁ではなく心の壁

それを踏まえて日本の皆さんに言いたいのは、本当の意味の国際化は国内から始めないといけないということです。

初めてそのことに気が付いたのは、3回目の日本訪問のときでした。まだ日本に住む前のことで、数学の会議に招かれ、広島を訪れました。季節は4月で、ちょうど花見の時期。せっかくだから広島の街を歩いてみようと外に出て川沿いを歩いていくと、あちこちでゴザが敷かれて、たくさんの人がお花見の宴会で盛り上がっていました。

過去2回の日本滞在では、電車の中でよく話しかけられたり、街でも声をかけられて親切にされたりして、日本人は本当にフレンドリーな人たちだと感じていたので、近くに行けばきっとすぐに「外人さん、いらっしゃいよ。一杯どう?」と言われると期待していました。けれども、誰一人声をかけてくれる人はいません。

僕は転んでもただでは起きない性質です。誰も呼んでくれないなら自分から入っていこうと考えて、「すみません、今何時ですか?」と時間を尋ねる常套手段に出ました。ところがどのグループも、訊けば時間だけは教えてくれるけれど、答えるとすぐに顔を背けて、また仲間内の世界に入ってしまうのです。結局、「あなたは日本語が話せるの?」「どこから来たの?」など、時間を教える以上のコミュニケーションをとろうとする人たちはどこにもいませんでした。

そのとき、初めて日本人にとっての内と外がわかったのです。誰からも声をかけられなくて寂しい気持ちになったというのは、ここでは大した問題ではありません。僕が気になったのは、同じ日本人同士でありながら互いに交流もなく、自分たちだけの小さなグループで盛り上がっている光景です。そこには、外をシャットアウトする見えない壁がグループごとに作られていました。

例えば、会社のグループだとしても、花見の席では企業秘密を話すこともないでしょうし、互いが競争相手というわけでもないでしょう。そうであれば、普段は接点がない人たちとの輪を広げるチャンスです。

みんなが美しい桜を見ていい気持ちになって、楽しい時間を共有している場所で、その気にさえなれば「広島カープの優勝を一緒に願おう」など、共通の話題を見つけて交流を深めることはいくらでもできます。でも身内だけで固まって、すぐそばにいる他の人たちと交流しようとしない。内と外がはっきり区切られているのです。

この傾向は今の日本社会でもよく目にします。だから、日本の人たちはそうした現状を踏まえて国際化を目指さないといけないと感じています。まずは職種や立場を超えて、日本人同士のコミュニケーションを深めるところから国際化は始まると気付いてほしいのです。

国際人であることや国際化を阻むものは言葉の壁ではなく、心の壁です。

自分の周りだけにそれを作るのか、会社という組織で作るのか、出身地で作るのか、日本人で作るのか、キリスト教で作るのか、イスラム教で作るのか、作られる壁にはさまざまなものがありますが、その中に留まっている限り世界は広がりません。

また、自分に対して好意的な人をシャットアウトする人も国際人になれないでしょう。

悪意を持った人、騙そうとする人、不愉快な思いをさせる人とは、自分を守るために会話しないで逃げる、交流しないことも必要です。しかしそうでない限り、壁から出てコミュニケーションしていくことができなければ、日本人同士でも、あるいはどの国の人とも友人になることはできません。先ほどの花見で言うなら、お互い人間なのですから、僕をシャットアウトしないで「本当なら参加してほしいところなのだけれど、今日は会社の集まりで個人的な宴会ではないからできないんだ」のように、何かちょっと説明するだけでもだいぶ違うのです。

サーカス学校にいたとき、元サーカスの綱渡り芸人だった先生から言われたことがあります。「舞台では大勢の観客が見ているし緊張もする。だから披露すべきは、目が覚めてすぐのときでも失敗しないでやれる技です」。つまり、どのような環境でも、ウォーミングアップなしで確実にできる技を持つことが重要だということです。

同じ意味で国際化も、大切なのはウォーミングアップなしでどう振る舞えるかです。本当の国際人は、心の準備を特にしていなくても優しさを発揮できる人です。いきなり道で声をかけられたときでも自然と気持ちよく親切にできる、何か困っている人を見たらすぐに助けたくなる、そうした心の優しさを持っていることは、国際人であるための大事な条件であると知っておいてほしいのです。

人との意見の違いを楽しめるか

ここでもう一人、僕が国際人と認める人物を紹介しましょう。大学の同級生と1、2歳年下の後輩で、卒業後に世界的な数学者になった人は10人ほどいます。その中では周りに劣って見えたのがヤノシュ・パッハです。

しかし結果としては10人中一番成功して、長年NYU（ニューヨーク大学）で教え、その後は定年退職までスイスの名門ローザンヌのEPFLの教授を務めながら、数え切れないほどの国際会議で基調講演に招かれ、大勢の優秀な弟子を育てました。振り返ってみると、彼の活躍の秘訣は真の国際人であることでした。

数学者には変人や奇人が多く、気軽に楽しい会話ができる人物が少ないです。お互いの悪口もよく言います。しかし、ヤノシュから他の学者の悪口を一度も聞いたことがありません。それどころか僕が彼に誰かの悪口や、ある学者に酷いことをされた話などをした際には、必ずその人を弁護して「離婚したばかりで仕方がない」「とても善い人だからきっと誤解でしょう」と、親友の僕にもけっして同調しませんでした。

ローザンヌを訪れたとき、彼のゼミ生を見て驚きました。英国、オランダ、ロシア、チェコなどヨーロッパの学生はもちろんのこと、インド、パキスタン、韓国やベトナムと国際色豊かで、人種も宗教もバラバラでした。そしてヤノシュのオフィスにはつねに数人がいて、昼食時は食堂で大勢の仲間に囲まれており、どんな問題でもできる限り相談に乗っていて、皆に好かれていました。

彼は自分の教え子たちをとても大切にしていたので、学生たちにもとても慕われていました。だから、何かあるとすぐに協力してくれる人が世界中にいます。そのおかげで、僕も初めての国の滞在を楽しめた経験があります。知人のまったくいないアゼルバイジャンに行く際、試しに彼に訊いてみたらやはり知り合いがいて、その人のおかげで非常に思い出深い旅をすることができました。

ちょっと連絡を入れると気持ちよく協力してくれる人が世界のあちこちにいるというのは、まぎれもなく彼の人柄の賜物《たまもの》です。それだけ人間的な魅力があるということですが、最も彼の人間力を感じさせたのは人と話し合うときの態度でした。彼は、自分とは異なる意見にも素直に耳を傾けて、相手の考えを理解しようと努めていたのです。その上で、やはり考え方が違うと感じたり、意見が合わなかったりしても、「僕はでもやっぱりこう思う」と自分の意見は伝えつつ、相手の意見もまたその人の考えとして尊重していました。

前の章でも触れたように、日本の人たちは違う意見を述べ合うことがあまり得意ではありません。けれども外国人にとって、違う意見をぶつけ合いながらの話し合いはごく一般的で、意見が一部違っていたとしても、だからといって相手を敵視はしません。違う人間同士の考えが合致するほうが不思議で、相手の意見が違うことでその人を否定すべきではないと理解しているからです。

欧米では、本音をぶつけ合うダイアローグが古代から大切にされてきました。ダイアローグはギリシャ語の dialogos、「深い言葉による対話」を意味しています。偉大な哲学者のソクラテス（釈迦、キリスト、孔子と並び四聖に数えられる）は、弟子たちとのダイアローグを自分の哲学を生み出すのに用いていました。もし弟子らが「なるほど」「先生がおっしゃる通りだ」とばかり言ったならば、彼の哲学は生まれなかったでしょう。しかしプラトンをはじめ優秀な弟子たちは、一所懸命に反論していました。そこから永年のダイアローグの結晶として、ソクラテスの哲学は固まったのです。

ここで大切なのは、意見が異なるからと相手を敵視しないことです。どちらかと言うと、自分とは違う見方や考え方を貴重な材料に、人生哲学をどんどん改善すべきです。西洋人と対等に付き合うために、日本人も対話術を磨くべきだと思います。相手だけを喋らせて自分は「ええ」「うん」「その通り」と相槌ばかりを打つと、軽く見られてしまいます。対立をどうしても避けたかったら「聞き上手」を目指して、ところどころ相手に本音を言わせる巧《うま》い質問をしてください。対話ができるのも国際人の大事な資質です。

僕が大好きな本に、サン＝テグジュペリによる『星の王子さま』があります。小さな王子さまとパイロットの「ぼく」が心を通わせて、かけがえのない友達同士になっていく話ですが、この本にはきれいで大切な言葉がたくさん散りばめられています。

本の最初のほうには、

おとなのひとは、すうじが大すきだ。このひとたちに、あたらしい友だちができたよといっても、なかみのあることはなにひとつきいてこないだろう。つまり、「その子のこえってどんなこえ？　すきなあそびはなんなの？　チョウチョはあつめてる？」とはいわずに、「その子いくつ？　なんにんきょうだい？　たいじゅうは？　お父さんはどれだけかせぐの？」とかきいてくる。

という文章があります。

人と人が心を通わせて真の友達となっていくためには、その人がどんなことを考えていて、何を大切にしているのか、どんな気持ちでいるのかを知ることが欠かせません。それには相手が言わなかった本音に気付いて、質問を重ねながらうまく聞き出していくことが大切になります。聞き上手とは、相手の話をただ黙って聞いてあげることだけを言うのではないのです。

パッハのように対等の存在として相手に接し、その人を深く理解しようとすること。そして「自分はこう思うけれど、あなたはどうか」と意見を交換しながら対話を楽しむこと。国際人であるためには、その2つとも大事になってくることを覚えておいてください。

海外＝アメリカという発想から抜け出そう

国際人や国際化の話に関して、「これだけは日本の人たちにどうしても言わなければならない」と感じていることがあります。それは身近な国、すなわちアジアの人たちとこそ日本人は仲良くしなければいけないということです。

第二次世界大戦に負けてアメリカの統治下に置かれたことが大きく関係していると思いますが、戦後長らく日本の目はアメリカに向けられ続けてきました。日本人にとっての国際社会とは、基本的にアメリカ一国を指していたのです。

バブルの前と後では、日本の人たちの中にあったアメリカに対する劣等感のようなものは薄まってきたように感じます。それでもやはり、日本にとっての一番の外国はアメリカである状況は変わりません。日米安保条約をはじめ切っても切れない深い関係にありますし、日本のニュースにしても、西洋に関する情報としてトップで流れてくるのはアメリカに関することです。それと比べてヨーロッパの国に関する情報は多いとは言えず、さらに言うなら韓国や中国については、良いニュースはあまり流れてきません。

もちろん、アメリカにも素晴らしいところがたくさんあります。しかし国際人になるということを考えたら、アメリカだけを見つめていてはいけないのです。

日本人は昔から世界に学びたいと考えてきた人たちです。飛鳥時代から平安時代にすでに遣隋使や遣唐使を何度も派遣して、海外の文化や知識、技術を取り入れようとしたことからも、そのことは明らかです。航海技術がまだ発達していなかった時代、日本人にとっての外国はすぐ近くにあった大国の中国でした。平安中期には日本人としての魂を大事にしつつ、中国渡来の学識も大切にしようとの意味で「和魂漢才」という言葉も生まれています。

やがて文明開化を迎え、明治時代には「和魂漢才」をアレンジして、西洋文明からも学ぼうということで「和魂洋才」が言われるようになりましたが、このときの西洋にはアメリカだけでなく、イギリスやドイツなどのヨーロッパの国々も含まれていました。つまり日本人は世界に広く目を向けて、積極的に海外の良いところから学ぼうとしてきたのです。

ところが高度経済成長を経て世界第2位の経済大国となり、「ジャパン・アズ・ナンバーワン」と言われるようになってきたあたりから、日本の人たちの意識がどうも変わってきたように感じています。

どこかと言うと、一つは海外から広く学ぶ姿勢が薄れてきたように思える点です。そしてもう一つは、アジアの人たちに向けられる視線です。

大切なのは国籍ではなく「一人の人間」として見ること

日本の国際度を知るには、同じアジアの国々に対して、日本がどのような態度を示すかにあると思います。現在は中国に抜かれたとはいえ、いち早く経済大国になることができた日本が、アジアの中で果たすべき役割は大きいのではないでしょうか。

けれどもアジアの国々に対して、日本はあまり温かい態度で臨んでいないように見えます。上からの目線で見て、真の友好国になろうとしていないように思えるのです。特に中国と韓国への態度では、日本の国際度はけっして高いとは言えません。これは非常に残念なことだと感じています。

他国の政権に関する厳しい見方は、時と場合によっては必要です。例えばミャンマー国軍が政権奪取のためクーデターを起こし、抵抗する市民に片っ端から銃弾を放っているような状況は、容認してはいけないでしょう。国同士であれば、時として厳しい態度をとる場面も出てくると思います。

しかし、個人対個人になれば話は別です。一個人で考えれば、「中国人は」や「韓国人は」「日本人は」と一括りにして語ることはできませんし、国と個人を一緒に見る必要もないのです。どの国で生まれ育っても、人は一人ひとり違います。中国の人がみんな同じかと言えば、そんなことはありませんよね。皆さん日本人も、個性は一人ひとり異なっているはずです。それに、どこの国にも良い人もいれば悪い人もいます。

本当の国際人は、相手を一人の人間として見て、一生の友達になるかもしれない、一緒に何か楽しいことができるかもしれないという態度で接することができる人と考えています。そこでは「中国人」だから、「韓国人」だからといった国籍は関係ありません。

付け加えるなら、この両国と日本は、先ほどの遣隋使や遣唐使の時代から数多い交流がありました。仏教や儒教が入ってきたのは中国と韓国からです。建築技術なども同様です。韓国は現在ハングル文字のみになっていますが、20世紀までは主に漢字が使われていました。すなわち、同じ漢字文化を持つ国でもあるのです。日本の漢字は中国から入ってきたものですし、明治以降は逆に「経済」「経営」など日本から逆輸入された漢字もたくさんあります。化学とか数学の用語も日本から中国・韓国に輸入されています。総じて見ると、日本と中国と韓国は、歴史的・文化的に共通する部分が大変に多いのです。

それだけに、一人ひとりが友達になれる可能性を最も秘めている国同士といってもよいでしょう。実際、アメリカでもオーストラリアでもイギリスでも留学生を見ていると、日本人と韓国人と中国人は自然と仲良くなり、親友になったり、時には国際結婚に至ったりもしています。

日本人が顔だけでアメリカ人なのかドイツ人なのかイギリス人なのか見分けられないのと同じように、外国人から見れば3つの国の人たちは外見がよく似ています。だから海外では自然とくっつき、簡単に友情を育むことができます。

残念ながら国と国の間では、さまざまな歴史や政治的思惑もあって友好的な関係を作ることがなかなかできずにいます。だからこそ共通点の多い者同士、個人レベルでは相手を上から目線で見るような態度はやめて、国際人として仲良くなってほしいのです。

このことは中国の人、韓国の人に限らず、アジアの人すべてに対しても言えることです。

他の国の人たちを知る、理解するところから始める

この本の第1章の冒頭で「日本人としてのルーツ、心の拠りどころとなるものを持つことが大切だ」と話しました。生まれ育った国を大切に思い、好きでいられることができれば、どこに行ってもその気持ちを心の支えにできるからです。

しかし自分の国を愛する気持ちは、下手をすると他国を下に見たり、馬鹿にしたりする差別的感情の温床にもなりやすいという危険性を孕《はら》んでいます。だから、注意しなくてはならないのです。

僕はよく「愛国心」と「国粋主義」の違いについて話をします。どちらも国を愛する気持ちがある点では一緒ですが、生まれ育った国の良いところも悪いところも理解し、その上で日本という国を好きでいられて、好きだからこそ悪い部分は変えていきたいと思えるのが「愛国心」であり、自分の国の素晴らしさにしか目を向けず、他国を貶《おとし》めて憚《はばか》らないような考え方を持ってしまうのが「国粋主義」という違いがあります。

愛国心を持つことは大切ですし、良いことです。けれども、それが国粋主義に変わってしまうのは問題です。もちろん、国際人としても失格であることは言うまでもありません。

景気が悪くなったり世の中が不安定になったりすると、国粋主義的な考え方が幅をきかせるようになってくるのですが、今は世界的にその兆候が増えてきています。

日本でも、愛国心が国粋主義と同義で語られる傾向がさらに強くなり、ことに中国や韓国に向けられる視線がどんどん冷たくなっていく一方のように感じていて、憂慮しています。近くにあって経済的なつながりが強い国同士が冷たい関係にある状況は、望ましいことではありません。

だから少なくとも個人と個人においては、「中国人はずるい」「韓国人は嫌い」という言動を控え、一人の人間として相手を知ることを心がけてほしいのです。

特に親御さんたちにお願いしたいのは、できるだけ子どもに偏見を持たせないようにしてほしいということです。

「嫌だ」「怖い」を子どもに教えるのは容易です。「犬は噛むから怖い。だから近づいてはいけない」と親が言い続ければ、子どもは簡単に犬嫌いになってしまうでしょう。反対に、もし犬好きにさせたかったら、犬を飼って生活を共にしたり、触れ合う機会を増やして犬の良さを教えたりといった努力が必要になります。

好意を持って他の国の人たちと仲良くなれる子にしていくのも、親がその努力をしないといけないのです。

中国や韓国と日本は、歴史的に難しい問題を抱えています。ですから簡単ではないかもしれませんが、まずは他の国の人たちを知る、理解するところから始めてみてはどうでしょうか。

そのためにも大日本帝国時代の日本が行ったことは、日本人として知っておいたほうがよいでしょうし、同時に2つの国がどのような歴史をたどってここまで来たかも知っておくとよいと思います。

本を読むのが大変なら、映画を活用してもいいのです。アニメは日本が世界のトップですが、映画では韓国のほうに勢いがあって、優れた作品を次々と出しています。

例えば、1980年代の韓国は軍事政権下にあって、その時代を舞台とし、弁護士でもあった故・盧武鉉《ノムヒョン》元韓国大統領をモデルにした『弁護人』という映画は、韓国がどうやって民主化を成し遂げたのかを知る一端となります。僕も観て感銘を覚えました。また光州事件を描いた『タクシー運転手』、1987年の民主政権への移行を希求する人々の姿を描いた『1987』といった作品を合わせて観ることで、日本がバブルに沸いていた頃、すぐ隣の国では軍事独裁政権で苦しむ人たちがいたと知ることができます。これは、韓国という国を理解する助けになってくれるはずです。

中国にも面白い映画、名作と呼べる映画がたくさんあります。コロナで娯楽の機会が減ったこともあり、中国の映画市場は大いに盛り上がっていて、2020年の興行収入はアメリカを抜いて世界1位となりました。

中には中国共産党が制作したプロパガンダ的な戦争映画もあるけれど、文化大革命や天安門事件をある程度否定的に描いた作品なども作られており、当時の中国の人たちがどのように国に苦しめられたか、苦労していたかを理解するのに役立ちます。

映画の場合、主人公をはじめ登場人物たちにスポットを当てて、一人の人間としてどう生きたか、どのような時代や社会背景だったのかを描いていることが多いですから、登場人物に感情移入して、時に共感したり一緒に悲しんだり笑ったり怒ったりするうちに、どの国の人も根本は同じ人間であると心で感じ取れるようになるでしょう。

ですから、良い作品をぜひ子どもと一緒に観てほしいと思います。どこの国かなんて関係なく人は基本的に同じであること、けれどもやはり一人ひとり人間性や個性は違っていて、だからこそ面白いんだと、映画を観ながら子どもも、そして親自身も学んでいけるとよいですね。

子どもはみんな生まれつきの国際人

子どもという存在は、本来みんな生まれつきの国際人です。小さな子どもたちには肌の色の違いも、言葉の違いも関係ありません。気が合う合わないはあるかもしれませんが、世界中のどの子も、小さな人たち同士でお互いに仲良く遊ぶことができます。まさに、友達作りの達人ばかりなのです。

その寛容さが成長すると共に失われていってしまうのはなぜなのか。そこには国、学校、親の影響があります。子どもたちの心に壁を作ってしまうのは、大人たちの言動なのです。

それは日本に限ったことではなく、世界中の子どもたちも同じです。相手の子の家庭環境を問題にしたり、自分たちとは違うから付き合わせないようにしたり、それこそ国の違いを強調したり、そのような環境を大人が与えてしまうことで、子どもたちの心の中の壁作りを悪い意味で手助けしてしまっていることに、皆さんはどうか気付いてほしい。

残念ながら、人を疑う気持ち、相手より自分のほうが優れているといった優越感を、子どもに絶対に持たせないようにすることは不可能でしょう。とはいえ、その度合いを減らすことはできます。

誰かの悪口を言わない、よく知らないまま自分が聞き知った情報だけで批評しない。そうしたことに親が気を付けていくだけでも違ってきますし、学校でも国でも、どこに所属するかで優劣を付けるといった態度を控えるだけで、子どもの中に作られる内と外の壁は低くなっていくのではないでしょうか。

そして、小さいときの国際人としての種がそのままできるだけ育っていくように、日本の良いところを伝えていきながら、同時に他の国の魅力もぜひ教えてあげてほしいと願います。世界の国に憧れることが、いろいろな国の人と仲良くなれる秘訣でもあるからです。

第5章まとめ

◆英語が話せるだけでは国際人にはなれない

◆真の国際人とは、相手と自分の違いを認め、悪いところではなく善さを探して友達になろうと考えられる人、そうした行動がとれる人

◆まずは日本人同士のコミュニケーションを深めるところから国際化は始まる

◆人間であれば考え方は違って当たり前。対等な存在として相手に接し、その人を深く理解しようとすること、相手の意見を尊重し、対話を楽しむことを大事にしよう

◆日本人がまず仲良くしなければならないのはアジアの人たち

◆国と個人を一緒に見ないで、国籍ではなく、一人の人間として相手を知ることを大切にしよう

◆子どもは誰もが国際人。子どもの中に「壁」ができないよう、他の国の良いところをたくさん教えてあげよう

第6章

親が人生を楽しめば、子どもも人生を楽しめる

人生は素晴らしい、学習はわくわくする

これからの子どもたちは、親世代とはまったく異なる時代を生きていかなくてはなりません。そうした彼らに親として何を伝えていったらいいのでしょうか。おそらく、それぞれのご家庭で考えていることはあると思うのですが、僕からも少しだけ提案させていただきたいことがあります。

小さい子や小学生の子どもたちに必ず伝えたいことは、大きく2つあります。一つは、これまでもお伝えしてきたように学ぶことは楽しくてわくわくするということ。英語にすると「Learning is fun」か「Learning is exciting」です。

ラーニングが学んで知識などを身に付けていくものであるのに対して、勉強を意味するスタディーは、何かを得るために努力する、専念することを原義にしています。まさに「勉《つと》めを強いる」もので、気が進まなくても努力してやるのが勉強なのですね。

子どものうちは勉強をさせるのではなく、学んで知ることや何かができるようになる楽しさをたくさん経験することのほうがはるかに大切です。もし最初に少し後れをとったとしても、学習が好きになって学ぶようになればあっという間にできるようになります。だから小さい頃には学ぶことを強制するのではなく、本人が関心を持つものから学ぶことの

楽しさを体験すればよいのです。それが後に、受験勉強や資格取得の勉強や仕事に役立つ勉強など、何かを「勉強」する必要に迫られた際に活きてくるからです。

そしてもう一つが「Life is wonderful」です。生きることは素晴らしいことであり、どのような状況であっても希望を失わないことは大切なんだと、子どもたちには知っておいてほしいのです。たまたまこの世に生まれていつか死ぬのだとしても、未来に希望を持って有意義に生きていくほうが、人生は格段に意味あるものになっていきます。

どこかの会社に何となく就職して歯車みたいな仕事をして、ただ川の流れに身を任せるだけのような生き方もありますし、現代人の多くはそのような生き方を送っているかもしれません。確かに、それによって経済的な安定は得られるでしょう。けれど、それだけではなく、人生をもっと彩り豊かなものにしていってほしいのです。

生まれたことに意義があると信じて、良いものにしていこうと積極的に取り組む気持ちを持つことで人生は楽しくなっていくものですし、生きることそのものを肯定できれば自分自身を肯定することができます。不確実な世の中を生き抜いていくには、何と言っても自分自身を肯定し、信じる気持ちを根底に持っていることが欠かせません。

人生を楽しくする最大の秘訣は、「自分の人生の主人公は自分である」との気持ちを失わないことです。会社や収入を一番に考えてしまうと、人生の主人公は「会社とお金」に乗っ取られてしまいます。もちろん、資本主義経済の中で生きるにはある程度の経済的安定は大切ですが、お金を得るために多くのことを我慢したりお金を儲けることだけが人生の目的になったりする生き方は、けっして幸福とは言えません。

また、人生すべてに関してとても大事だと考えているのは、アクティブであるかパッシブであるか、すなわち主体的であるのか受け身であるのかです。どちらが良いかと言えば、やっぱりアクティブであることです。受け身であるよりも、主体的に生きていくほうがわくわく感も人生の満足度もはるかに高くなるからです。

主体的に人生を送れるようお子さんを育てていってあげてほしいと同時に、親である皆さんにも僕からお願いがあります。ご自身もぜひ、「自分の人生の主役は自分である」気持ちを忘れずにいてほしいということです。

親の人生と子どもの人生は、いくら重なるところが多くても別のものです。ここをよく理解していただきたいのです。

子どもが小さい頃ずっとそばにいる親の役割は、我が子を守る、世話をすることですが、けっして子どもの奴隷ではありません。滅私奉公は駄目です。子どもに「私のために自分の人生を犠牲にさせてしまった」のような罪悪感を与えてはいけません。作ってほしいイメージは「自分たちを大事に育ててくれた傍ら、親はとても充実した生き方をしていた」

です。これならお子さんも子どもをもうけて子育てをしたくなるでしょう。自分の人生を大事にしながら子育てをすると、いつか必ずやってくる子離れも楽になるし、子どもにも「各々の人生の主人公は自分自身だ」と伝えられるし、まさに一石二鳥です。

子どもをスターにしようと思わないほうがいい

多くの親が、我が子にはできれば好きなことを仕事にして幸せになってほしいと心の底から願っています。けれども子どもの将来については、あまり近視眼的に見ないほうがよいでしょう。

「十《とお》で神童、十五《じゅうご》で才子、二十《はたち》過ぎればただの人」という言い方があるように、子どもの頃に何かしらの才能を発揮したとして、それがそのまま成長後も続くとは限りません。子どもの発育は千差万別ですから、小さいうちは他の子より早く上手に何かをできる子もいれば、後に急成長する子もいます。小さい頃の才能は、成長の差によるものも少なくないのです。

スケートをやらせたら思いのほか才能があった、サッカーをやらせたら飛び抜けてうまかった、だから将来はフィギュアスケートの選手にする、あるいはＪリーガーを目指してやらせよう――。あるいはプロ野球選手やプロゴルファーにしたい、世界で通用するピアニストやヴァイオリニストにしたいなど、何かで子どもが才能を見せると、親として夢や期待は膨らむことでしょう。

でも、だからといって安直に自分の子どもをスターにしたいと考えたり、一流のプロを目指せと言い続けたりすることに対しては、あまり肯定できません。なぜかと言うと、誰もが認める群を抜いた存在になれる確率は極めて低いからです。

スポーツ選手にしても演奏家にしても、プロを目指すのであれば、小さい頃からの英才教育が大切になります。いいクラブに入れたり、優秀なコーチを付けたり、衣装や道具をしょっちゅう買い替えたり、大会やコンテストに参加するための参加費や交通費を払ったり、ものすごく大きな出費も必要になります。それだけの投資をしても、プロの世界で成績を残し、スーパースターになれるのはほんの一部です。

例えばフィギュアスケートの浅田真央さんにしても、引退後もタレント活動ができるぐらい国民的な人気は高いけれども、とうとうオリンピックでは金メダルを取ることはできませんでした。

ゴルフにしても、同世代でライバル同士と目されていた石川遼選手と松山英樹選手では、残せた成績に差があります。松山選手は海外でもつねに上位ランクをキープし、メジャー選手権の一つであるマスターズ・トーナメントでは日本人初の優勝という快挙を成し遂げました。石川選手は、高校在学中にプロゴルファーになるなど、ゴルフの才能を早くから発揮して国民の期待と人気も非常に高かったけれど、海外では期待したほどには活躍できませんでした。

国民的人気の高さがあれば、スポンサーやコマーシャルなどからの収入が増えて投資した分は元が取れるかもしれません。とはいえ、そもそもプロになれる人自体がほんの一握りなのです。背後には、プロを目指しながら挫折したり、プロになっても活躍できずに消えていったりした大勢の人たちがいることを忘れてはいけないでしょう。

子どもがスターに憧れて、「あの人のようになりたい」と思うことは悪いことではありません。子どもの将来の夢は大事にしてあげてほしいですし、子どもが頑張っているなら、できる範囲で応援すべきです。

問題は、そこに親の過剰な期待や希望を乗せてしまうことです。親が主導してプロになることを目指してしまうと、途中でうまくいかなかったとき、親の期待に応えられなかったことで子どもに大きな挫折感を味わわせてしまうことになります。ですからつねに一歩引いて、じっくり時間をかけて、子どもの才能や能力を見極めていくことを大事にしてあげてください。

目指すならスペシャリストを

子どもの職業選択に関して、いつも勧めているのは「専門家を目指せ」ということです。世の中にはたくさんのスペシャリストがいます。スーパースターになることは難しくても、スペシャリストになれる可能性なら、たくさんあります。

例えばサッカーの選手になりたいと思っている子どもたちのうち、夢を叶えてJリーガーになれるのは一学年に二桁程度。そのうち日本代表になれるのは招集される人を含めて一学年に5人程度です。確率で言うとサッカー少年の1％にも満たない。しかし専門家は、つねに数十万人不足しています。本気で目指せばなれる確率は30～40％ぐらいあるのです。

現実的に考えたら、1％の道を目指すよりも、30～40％の可能性がある道を大事にしていくほうが子どもの将来のためになります。

国家資格を必要とする職業はほぼすべてがスペシャリストですし、分析を専門とするアナリストや社会と人々の動向を見極めるマーケターのように、資格は特になくても経験や実績で専門家になれる分野もあります。

企業の中にも法務部門や知的財産を扱う部門など、専門家を必要とする部署は存在します。企業のコンプライアンスについては、この先ますます厳しくなっていくでしょうから、法律に詳しいと就職も転職も有利でしょう。

スペシャリストを目指すならIT関連も有望です。コンピュータ・テクノロジーの分野は目まぐるしく進歩していて、しかもIT抜きで世の中は回っていかないほど、深く社会や生活の根幹となっているからです。

IT関連と一口に言っても、そこには例えばコンピュータや周辺機器の設計やデザイン、プログラムやシステムの設計、アプリやゲームの開発、WEBデザインやウイルスセキュリティーなど多様な仕事がありますから、優秀な専門家は猫の手も借りたいほどの状況です。

専門家になることを勧めるのは、他の人が持っていない専門性の高い知識や技術を身に付けておくと、何かあったときに職を失わずに済んで、雇用の安定がある程度保証されるというメリットがあること、専門が社会に必要とされるものであればあるほど、やりがいを持って働くことができ、さらに精神的な充実感を味わうことができるということが理由です。

それだけでなく、好きな分野を見つけて専門家になれたら、仕事をすること自体が楽しくなるはずです。働くことで喜びが得られると、幸福感を仕事中でも感じられます。

もちろん、スペシャリストになるのも簡単ではありません。最初の難関は、自分は何の専門家になるべきなのか、つまり専門とする分野を選ぶことです。

どの道を行くかを選ぶのは、最終的には子ども自身が決めるべきものです。ですから、ここでも親がしてはいけないことがあります。「あなたはこれに向いているから、この仕事に就きなさい」と強制することはやめてほしいのです。親が就かせたいと思う仕事のために猛勉強を強いるなんてことになったら、「子どもの人生を幸せにするために」といくら親の側が考えても、子どもにとっては辛いばかりになってしまうかもしれません。

そもそも人には向き・不向きがありますし、好きなことや嫌いなこともあります。その点を無視して親が良かれと思う道を進ませようとするのは、下手をすると子どもの人生を壊してしまう可能性があります。

自分の子どもをよく見て、どんな道なら向いていそうか、どんなことなら勉強さえも楽しんでやれそうかを客観的に判断し、戦略的にサポートしていくことが親の大切な役割の一つです。

成長してから子ども自身が進むべき道を決められるように、小さいうちは好きそうな分野の本を買ってあげたり、見学や体験に連れ出して行ったり、子どもが楽しんで没頭できる環境を整えて、それとなくスペシャリストへの道を後押ししてあげましょう。

自立心は小さいうちから養おう

「自分の人生の主人公は自分である」という気持ちを持って生きていく上で、子どもの中に小さいときから育てておくとよいのが「自立心」と「自己肯定感」です。

子どもを自立させるのは至って簡単なことだと考えています。日本には「親はなくても子は育つ」ということわざがありますが、その通り、過保護にしないことが一番です。

だからといって、放任したほうがいいと言っているわけではないのです。大事なのは、英語で言う「golden mean」、日本語にすると「中庸」と言われる子どもとの適度な距離感です。すなわち、ほどほどに手をかけ、ほどほどに手を放すということです。

親としては当然、自分の子どもは目に入れても痛くないほどかわいいですし、子どもが困らないよう、できることは可能な限りやってあげたいと思っていることでしょう。とはいえ、手塩にかけて育てるにしても、度が過ぎれば子どもの成長をかえって妨げることになってしまいます。だから「中庸」が大切なのです。

また小さい子の場合は、何かを自分でやろうとしても時間がかかりますから、忙しい親からすると「自分がやったほうが早い」となって、手を出してしまう場面が増えがちになります。

しかし、かわいさ余ってやってあげてしまうのも、時間がかかって待っていられないのも、理由は違えど、やっている親の行動は同じです。どちらも親が過剰に手出しをしていて、子どもの自らやろうとする意欲や行動を制限している点は変わりません。

自立心を育てるコツとは、子どもが自分でやりたがることに対して、まずはできるまで辛抱して待ってあげることです。それには子どもがチャレンジしている間、支える・ちょっと手伝う・援助するぐらいの気持ちで見守ることが必要なのです。ジッパーが完全に閉まっていなくても、ボタンが掛け違っていたりしても、それもまたかわいいと思えば、手を出したくなる気持ちを少しは抑えられるのではないでしょうか。

本当に時間がないときはやむを得ませんが、子どもを自立させたいのならば、効率を優先させるより一人でやろうとしている意欲を認めて見守っていくほうが効果的です。やりたい気持ちを抑え込まれ続けてしまうと、子どもはやがて何事も自分からやろうとしなくなってしまうでしょう。ですから親御さんには、長い目で見たとき、何が子どもにとってよいのかを考える視点を持つことも忘れずにいてほしいのです。例えば近所のスーパーへのお使いなど、どんな小さなことでも独りでできたという達成感は成長にプラスになります。子どもの発育に合わせて、なるべく自立心を育むべきです。

同様に、モンスターペアレンツも子どもの成長にとっては大きな逆効果になってしまいます。体罰があったり、いじめを受けていたり、子どもの生命や心の大きなダメージにつながるようなときは、親がしっかり出て行って子どもを守らなければなりません。けれども、成績が悪いのはなぜかとか、友達とちょっとトラブルがあったといった理由で、親が学校に乗り込んで先生を責めるのは行き過ぎと言わざるを得ないでしょう。

人生には理不尽なこともいろいろと起こります。社会に出たら、わがままな上司がいたり、納得のいかない命令を下されたりして嫌な思いをすることだってあります。そのたびに親が会社に乗り込んでいくわけにはいきませんよね。

親がやるべきことは、いろいろなトラブルにうまく対処して、自力で乗り越えていける力を子どものうちに付けておいてやることしかないのです。子ども時代のトラブルや失敗は、その先の人生を生きていくための練習の一つと考えてみてください。

不便、失敗、禍もプラスにできる

それに、トラブルに遭遇したり不便な思いをしたりすることは、子どもにとってプラスに働いてくれることが結構あります。

例えば僕は物をあまり大切にしない子どもで、あるとき、中学進学のお祝いとしてプレゼントしてもらった腕時計を不注意で失くしてしまいました。家はそれほど裕福というわけではありませんでしたし、時計は当時高価な商品で、今のように安くて正確な時計がすぐに買えたわけでもありませんでしたから、そのとき以降、時計なしで過ごすことになりました。

今みたいにスマホや携帯で時間を確認するなんてこともできない時代です。腕時計なしでいることには不便がたくさんありました。ところが一方で、思わぬ収穫ももたらしてくれたのです。

つねに時間を気にするようになり、教室や街中にある時計を確認したり、人に時間を尋ねたりを繰り返しているうち、時計がなくても時間の感覚がわかるようになったというのがそれです。要は、時計のない不便さによって、時計を見なくても時間がわかる能力が磨かれたわけです。だから、今でも腕時計はしていません。

そして子どもの頃から〝学者らしく〟、一つのことに没頭すると他のことをすべて忘れる性質でした。学校にコートを置き忘れるなど日常茶飯事だったので、家の鍵を与えてもらえませんでした。ドアはオートロックだったので、家族で最後に出発しても安全上は問題ありません。また、帰宅する頃には両親ともお昼休みで家に戻っていました。

ある日、ランドセルを丸ごと忘れて家を出ました。途中で他の小学生を見かけて自分の過ちに気が付きましたが、家に戻ってもドアを開けられないとわかっていたので、そのまま登校しました。「お前のノートや教科書はどこだ！」と先生に怒られ、「今すぐ家に戻ってランドセルを取って来い」と命じられました。鍵さえ持っていないことを話す勇気がなく、しぶしぶ教室を出ました。歩きながら必死に家に入れる方法を考えていました。当時のアパートには必ず食糧庫が付いていて、みな漬物やジャムやワインなどを置いていました。カビ防止に窓もありましたが、外への窓ではなく隣の食糧庫しか見えないものでした。母はたぶんその窓を完全に閉めていないだろうという希望に賭けて、隣人の老夫婦の家の扉をノックしました。事情を説明すると快く自分たちの食糧庫へ通してくれ、案の定我が家の食糧庫の窓は半分空いていて、何とか家に入ってランドセルを取ってくることに成功したのです。

この小さな出来事を詳細に記した理由は、これをきっかけに僕も一人で問題を解決できると、それなりに自信が付いたからです。

どちらも自分の不注意が原因ではあるのですが、ここで伝えたいのは、不便さが思わぬ能力を育ててくれること、困ったことに直面すると、子どもは子どもなりに考えて解決策を思い付くことができるということです。また、そうやって自力で何とか乗り越えていく経験を繰り返すことで、子どもの力は伸びていくと思うのです。だから、失敗やトラブルは必ずしも悪いことではありません。

反対に、そんな経験はさせたくないと考えて、親が手を出し過ぎたり前面に立ってすべて解決しようとしたりしてしまうと、世の中を渡っていくために必要な力が身に付いていかなくなります。それに、小さいうちから何でも親にやってもらうことに慣れてしまったら、自立した大人になることもできないでしょう。そのほうが子どもにとってはマイナスではないでしょうか。

子どもの選択を否定しない

できる限り子どもの自主性を尊重して、頭ごなしに「そんなのは駄目だ」と言わないこと。ここも子どもの中に自立心を育てていく際の重要なポイントになります。

子どもが「これをやりたい」「こんなふうに考えている」と言ってきたとき、聞く耳を持たないで否定してしまうと、自分自身の考え方や決断に自信を持つことができなくなっていきます。その点において、今思い返しても「やはり父はすごい人だった」と思わざるを得ないエピソードがあります。

中学3年生のときの大雪が降った日のことです。校庭の奥で同級生たちと雪だるまを作った際、誰かが言い出して、雪だるまの頭に帽子をターバンのようにして被せました。その姿がイスラム教の人たちによく似ていて、冗談半分で僕たちは「明日テストがありませんように」などとお祈りをして遊んでいました。

そしてその日家に帰ると、その遊びを思い出して父に冗談で「イスラム教に入信しようと思っている」と言ったのです。

皆さんもそうだと思いますが、子どもからそのように言われたら、多くの親が驚いて反対したり説得したりしようとするでしょう。ところが父は、ただこう言っただけでした。

「そうか。だったら、そこの本棚にコーランがあるから読んでみるといい」

父がまったく反対もせず、むしろコーランを読むことを勧めたのは、読めばイスラム教がどういうものかわかり、僕がイメージしているようなものではないことが理解できるだろうと考えたからでしょう。

これは言い換えれば、父が僕のことをそれだけ信用し、「軽はずみなことはやらないだろう」と考えて、子どもの判断に任せることを大事にしてくれていたということです。

親にしてみたら「とんでもない」と思ったり、「何を馬鹿なことを言ってるの」と呆れたり、「そんな方向を選んでも幸せになれない」と反対したくなったりすることを子どもが言い出したとき、どのような態度でいるかは子どもとの信頼関係に影響してきます。

ですから、最初から笑い飛ばしたり怒ったり猛反対したりしないで、それなりの判断力があって、子どもは子どもなりに考えた結果であると、まずは表面上でも認めてあげることが大切です。もし子どもの選択に賛成できなかったら、ゆっくり納得するまで話し合えばよいのです。時にはその中で親の意見が変わるかもしれません。

もちろん、反社会的なことを言ったりやろうとしたりしたら、全力で止めなくてはいけません。しかしそうでない限りは、子どもを信用して選択を尊重し、判断を委ねてみることも大切にしてください。子どもの人生は子どものものと考えれば、けっして難しいことではないはずです。

無条件の愛から自己肯定感は育つ

子どもの自立を考えたとき、もう一つ大切なキーワードになってくるのが自己肯定感です。自分の力を信じて独り立ちしていくには、「何があっても自分なら大丈夫」と自分自身を肯定できていることが大前提になるからです。

自分を肯定できるようになるには、親の愛が欠かせません。親から愛されていると実感できている子どもは、やっぱり何があっても強いのです。

基本的に、子どもを愛していない親はいないでしょう。ただしその愛が「あなたはかわいいし頭がいいから」や「あなたは足が速いから」のように、条件付きであってはならない。大切なのは無条件の愛で、「私たちの子どもだからパパもママもあなたをとても大事に思っている」と伝えてあげることなのです。

子どもに必要なのは、親は信頼できる、何があっても愛して守ってくれると思える気持ちです。絶対的な愛があるから、どんなことがあってもどんなときも見捨てないし、親はいつでも味方であると小さな頃から伝えていけば、子どもは安心して外の世界に出ていくことができます。何かで自信をなくしたときも、親に愛されている実感が持てれば立ち直る力にすることができます。

特に思春期になってくると、親の無条件の愛は小さな頃以上に大事になってきます。この年代の子どもたちは、周りと比べて「自分はこんなことができない」「見た目が良くない」「勉強も運動もパッとしない」など、「何でこんなに自分は駄目なのか」と自信をなくし、自己を肯定することができなくなっていきやすいからです。

自分の才能や外見などに悩み出して自分に疑いを持ち始めたとき、大きく一方に傾いてしまった天秤のバランスを戻すには、親が反対のお皿に自己を肯定できるような何かを載せてあげないといけません。

僕にも、自分の能力に疑問を持って、悲しくて落ち込んだ気持ちになった経験がありま
す。それは18歳で国際数学オリンピックに出た際のことでした。同じハンガリーチームの
メンバーに、とても優秀な子がいたのです。

彼とは国際数学オリンピックの合宿で出会い友達になったのですが、彼の通っている高
校はハンガリーで最も数学教育の進んだ学校でしたし、高校生で数学の論文を書くほどの
能力の持ち主で、どの問題もすべて正解。数学の能力は、僕には歯が立たないほど完璧で
した。数学の話をしても僕よりはるかに知識があり、「それに比べて自分は……」とすっ
かり落ち込んでしまったのです。

そんな僕を自信喪失状態から救い出してくれたのが母の言葉です。スーパーに一緒に買
い物に行った際、悲しい気持ちで「彼のほうがずっと数学の知識も才能もある」と話した
僕に、間髪を容れず母が返してくれたのは「そんなこと関係なく、私はあなたを愛してい
る」でした。

実は、それまで母からは一度も言葉で「愛している」と言われたことはありませんでし
た。もちろん、行動から愛されていることは十分に伝わっていましたから、母の愛情を
疑ったことはありません。でも言葉で直接伝えてもらったことで、それまでの悲しかった
気持ちがいっぺんに消えてしまい、数学への自信を取り戻すことができたのです。

母が天秤に載せてくれたのは、「どんなあなたであっても、私は心からあなたのことを大切に思っている」という唯一無二の愛情でしたが、多くの時間を一緒に過ごしている母親ならば我が子の良いところをたくさん知っているはずです。

そうした我が子の良さをできるだけ日ごろから伝えてほしいですし、照れくさいかもしれませんが、折に触れて「ものすごく大切な存在なんだ」「大好きだよ」「愛しているよ」と言葉で愛情を伝えていくこともやってみてほしいのです。

それさえしっかり伝わっていれば、何があっても子どもは自分の力で進んでいくことができます。天秤のバランスが崩れて心が折れそうになったときも「でも、自分は大丈夫」と立ち直れる強い子になっていくでしょう。

誰かを助ける、手伝う喜びを子どもに体験させよう

他にも大事にしてもらいたいと考えていることがあります。誰かを救う、助ける、手伝う、その喜びをできるだけ小さいうちから教えてあげることです。例えば、他人が落とした物を拾って走って届ける、電車でお年寄りに席を譲るなど、ささいなことでかまいません。

日本語には「一日一善」という四字熟語がありますが、自分の行為が誰かの役に立った、

助けになった経験は、自分の存在を自分で認められるようになっていく大きな力になります。誰かに心から喜んでもらえると、とても誇らしい気持ちになり、そうした行動が起こせた自分に自信が持てるようになっていきます。

だから、小さな頃からお金のためやお返しを求めるのではなく、心からの気持ちで人のために動くことの大切さを教えていってほしいのです。

僕が子ども時代のハンガリーは、旧・ソ連の影響下で共産主義体制だったことはお話ししました。その中にあって、良い影響を受けた数少ない体験だったと今でも思い出すのが、「パイオニア（ロシア語ではピオネール）」と呼ばれる少年団での経験です。

「パイオニア」とは14歳までの少年少女の共産主義教育を目的とした組織でしたが、政治色は薄く、どちらかというと道徳教育が主でした。各クラスは7～8人ずつ班に分けられ、自主的に活動していました。そして活動内容を班長がきちんと記録して、年に数回担任の先生に提出しました。

班長を務めていた僕は、積極的にいろいろな活動を考えました。他の班とサッカーや卓球の試合を行ったり、地元の博物館を観に行ったりしました。しかし一番心に残っているのは、国や人の役に立った活動です。資源ごみ回収がまだ制度化されていない時代だったので、町工場などを回って鉄くずを集めたり、家々を訪ねて古新聞をもらったりして、資源ごみ事務所に持っていきました。そこでもらった銅5キロや古紙10キロなどの領収書を、活動報告と共に提出しました。

　その活動を通して、知り合いになった一人暮らしの老人の家で薪を割る手伝いをしたり、年配の人が重そうな荷物を持っているのを見かけたら家まで運ぶのを手伝うようになったりしたのは、自然なことでした。

　少年時代にこのような体験ができたことは、人を思いやる行動を自然にとれるようになったという意味で、とてもよかったと思っています。お手伝いした人たちから感謝された経験も、自分の成長につながっていたに違いありません。

　自分の存在が人や社会の役に立っている実感を実際に体験することは、自己肯定感を持たせてあげるプラス材料になります。ですから、そうした機会を意識して増やしてあげてほしいのです。

　今の日本の社会は残念ながら、僕が見ている限り「触らぬ神に祟《たた》りなし」で、困っている人や助けを必要としている人に手を貸すことが少ないようです。「日本人は、気持ちはあっても勇気が出ない人が多いから」ということも耳にするのですが、そうであるならば、親の教育でそこは変えていかなければなりません。

　人の目など気にせず、当たり前に「一善」ができる人へと子どもたちを育てていかなくてはなりませんし、そのためには子どもの前でお年寄りに席を譲るなど、まずは親が行動で見せていくこと、「困っている人がいたら助けてあげるんだよ」と教えていくことが大切なのです。

親は自分の人生を犠牲にしてはいけない

子どもにとって親は最も身近なお手本であることを考えると、子どもが自分を肯定できるようになるには、親自身が自分の人生を犠牲にしては駄目だと考えています。

日本では、結婚や出産を機に家庭に入ることを選んで、それから家族一筋の女性もまだ少なくありません。でもそこに「なんてつまらない人生なんだろう。これなら仕事を続けていればよかった」や「子どものために自分の人生を諦めた」といった気持ちがあると、子どもにもそのことが敏感に伝わってしまいます。自分が祝福された存在ではないと子どもに思わせてしまうのは、子どもを不幸にします。

また、親が自分の人生を生きていなければ、子どもの人生を自分の人生の代わりにしてしまうリスクが出てきます。子どもだけが自分の生きがいのようになってしまったら、子どもも苦しいばかりですし、親が人生に幸福を感じていないことは子どもにも伝わってしまいますから、「人生は楽しくて素晴らしいものだ」と教えてあげることもできなくなってしまいますね。

ですから、親は自分の人生を犠牲にしてはいけないのです。何かしら自分の心が満たされるようなものを見つけて、自分のためにやりたいことをやる時間を作らなくてはいけません。

両親も、子どもをとても大切にしてくれた一方で、自分たちのやりたいことはしっかり楽しんでいました。僕たち姉弟を友人宅に預けて2週間ほど旅行に出かけたり、大人だけで友人たちと楽しい時間を過ごしたり、自分たちの時間と子どもと過ごす時間をきちんと分けて、自分たちの人生を楽しんでいたのです。では親がいなくて寂しかったかというとそんなことはまったくなく、預けられた先で楽しく快適に過ごしていました。

このように親は親の時間を、子どもは子どもの時間を持つことは、結果的に子どもの成長にも良い影響を与えてくれると思います。親が自分の人生を積極的に生きていると、その背中を見て子どもも多くのことを学べるでしょう。

「好きなことをやりなさい」「探せばぴったりの居場所が見つかるはず」と口だけで伝えるより、親が自分の居場所を見つけ、人に囲まれて楽しく幸せに生きる姿を見せていくほうが、信ぴょう性をもって子どもに「Life is wonderful」を伝えていくことができますね。

僕は、何かに挑戦して幸せや喜びを感じていくことが、充実した人生の源であると確信しています。もちろん、僕自身が「数学」という大好きな分野を仕事にしていることもありますが、別にチャレンジする対象が仕事でなくてもかまわないのです。やっていて有意義であると思えて幸せや達成感を得られるものであれば、趣味だってよいと思います。

「家庭に入って家事や育児に時間を割いてきたから、今さら何をすればよいのかわからない」と思われるかもしれませんし、働いている場合は「仕事が忙しくてそんな時間は作れない」と考えるかもしれません。

けれども、時間をかければ有意義なことは必ず見つかります。仕事以外の時間を作るのも考え方と行動次第です。働き方改革が進められていることで、しっかり休みを取ろうと思ったら、以前よりは取りやすくなっているのではないでしょうか。

ちなみに僕は、これまでもお話ししてきたように、本業の数学の仕事とは別の楽しみとして旅行を趣味にしています。さらに数年前からは、新しい趣味として釣りが加わりました。釣り仲間は職業も年齢もバラバラです。蕎麦屋の主人や獣医など、これまで出会うことのなかった人たちに囲まれていますから、釣り自体の面白さに加え、いろいろな人との交流も楽しんでいます。

彼らを見ていてすごくいいなと思うのは、仕事よりも釣りが生きがいになっていることです。だからといって仕事をいい加減にやっているということではなく、毎日必ず時間を見つけて、どこの船で何が釣れているのかと釣果情報を調べ、次はどこに行くか予定を立て、仕事とは異なる時間を最大限に楽しんでいる。そこが「人生を有意義に生きていてとてもいい」と感じるのです。

同じように、山登りが好きで百名山巡りをしている人、ゴルフにはまっている人など、仕事とは別の生きがいを持っている人たちはたくさんいます。

ですから、没頭できるようなものを今は見つけられなくても、ちょっと面白そう、楽しそうと思ったことにどんどん挑戦していくことで、やがてピタッとくるものに出合うはずです。世の中には写真、俳句、短歌、絵画など趣味にできるものがいろいろあります。ケーキ作りでも、猫の額ほどの庭でガーデニングでも、料理のグループに入って創作料理に挑戦したり、ベランダや屋上で野菜栽培をやったり、何でもいいのです。「アクティブ」を合い言葉に、生きがいとなってくれそうなものをぜひ探し出してみてください。

子どもと過ごす時間をぜひ大切に

最後に皆さんに伝えたいのは、子どもと過ごす時間をできる限りたくさん作ってほしいということです。

子どもが小さいうちは、家族で一緒に出かけたり休日に子どもと遊んだりする機会を持つことは、それほど難しくありません。しかし子どもが小学校高学年、中学生、高校生と大きくなるにつれ、親と出かけたがらなくなったり、子ども自身が忙しくなったりして、家族の時間は持ちにくくなります。

その一方で、親の真価が発揮されるのは、実は子どもが高学年・中学生になってからと考えています。小学校高学年になれば、子どもにも深く考える力が付いてきます。また子ども自身も思春期にさしかかり、自己の確立という難しい成長課題に直面し始めるようになります。

そうした時期だからこそ、親として子どもに伝えてあげたいことがいくつかあるでしょう。

例えば、他の家はどうしているのか関係なく「我が家ではこうした価値観を大事にしていて、あなたも家族の一員なのだから大切にしてほしい」ということがあります。これは門限のようなルール、約束事というより、言うなれば我が家の哲学といってよいものです。

子どもの人間性をどう育てていくかといった観点から、どんな価値観を大切にしてほしいかや、社会に対して何らかの使命感を持って生きること、嘘と真実の見分け方などを折りに触れて話してあげてほしいですし、そのためにも早くから、「我が家の教育方針白書」をちゃんと決めておくべきです。

子どもを人間としてどう育成していくかは親の最も重要な仕事です。もちろん子どもたちは、友達や学校からも多くのことを学んでいくでしょう。けれども生き方に関することは、親が言葉によって、あるいは自分の生き方を見せることで示していかなければいけません。

それから次に伝えておきたいのは、繰り返しになりますが、親はどんなことがあってもいつでも味方であるということ、困ったときはいつでも相談に乗るということです。子どもといろいろなことを話し合う時間ができると、親の愛情が伝わりやすいと同時に、親への信頼感も深まっていきやすくなります。そういう意味でも、子どもと過ごす時間を大切にしてほしいのです。

ハンガリーの友人の話を紹介すると、彼は2人の娘が中学生になったことを機に、ある家族の習慣を作りました。毎週金曜日の夜は、全員で近くのちょっと高級なレストランに出かけ、必ずみんなでコース料理を食べるというものです。

そしてゆっくりと時間をかけて料理を味わいながら、それぞれがこの1週間に何があったのかを報告し合ったそうです。父親である彼はもちろん母親も働いていたので、両親は仕事のことや印象に残った出来事などを、娘たちは学校で起こったことや街で経験したことなどを話し、お互いに意見を述べたり相談に乗ったりして、家族のかけがえのない時間になっていたと言います。しかもこれは、娘たちが大学を卒業するまでずっと続いていきました。

その習慣を続けることで親子の信頼関係はとても深まり、子どもたちが今どんなことに不安や心配を抱いているのか、どんなことを考えているのか、何を嬉しいと感じるかなども把握できるため、無用な心配をしないでいられるとも語っていました。

家族の特別な時間を設けるのは、親と子の双方にとってとても良いやり方だと思います。いつもとは違うレストランという空間で、食事を楽しみながらというのも、話しやすい雰囲気を作るのに一役買ってくれるでしょう。

日本のお父さんお母さんたちは忙しくて、なかなか子どもと向き合う時間が取れない方が多いでしょう。けれど、どんなに忙しくても、週末を使い月に一回でもよいので家族の報告会をやるなどして、我が子と会話する時間をぜひとも設けてみてください。

子ども時代は長いようで案外と短いものです。子どもと過ごせる時間は思いのほか少ないのですから、その間に親として伝えられることを、たくさん子どもの心に残していってあげてほしいと願います。

第6章まとめ

◆小さい子たちに教えたいのは「Learning is fun」と「Life is wonderful」の2つ

◆一握りしかなれない「スター」ではなく、「スペシャリスト」を目指せるような後押しを

◆親は子を信じて任せ、トラブルを自力で乗り越えていく力を付けさせよう

◆子どもの自主性を尊重し、判断を委ねていくことで自立心は培われる

◆子どもの自己肯定感を育てる重要な要素は、親の無条件の愛と誰かの役に立つ経験をたくさんさせてあげること

◆親自身も「人生の主人公は自分」の気持ちを忘れないで、アクティブに自分のための何かを楽しもう。子育てで自分の人生を犠牲にするのは駄目

◆大切にしてほしいことを伝えたり、親子でたくさん会話したりするために、子どもと過ごす時間をできるだけ作ろう

おわりに

ここまで読み進めていただき、ありがとうございました。伝えたいことが数多くあり、随分と盛りだくさんの内容になってしまいましたが、僕が言いたかったことは、それほど複雑ではありません。

英語はあくまで道具、なかんずくコミュニケーションの手段であり、どんなに英語が流暢に話せても、他人への好奇心が薄くて聞く耳を持たず、自分と異なる考え方や生き方を理解する努力をしない人間には、豊かなコミュニケーションを取ることは難しい。

だから、早くから勉強漬けにするよりも、他人や異文化への関心が深まるように親は導いてあげてほしいということです。小さい間は親の無条件の愛を感じながら、持ち前の好奇心を発揮できることが何よりも大切です。そうした環境を作ってあげることが親の一番の役割だと思っています。

さて、この本は新型コロナウイルスが世界で猛威を振るうさなかに制作がスタートしました。不要不急の外出を控え、国内外の旅行も自粛した一年半、巣籠りしながらこれからの日本や世界、働き方や人との交流、健康と幸せなどについても長時間考えました。

電話やメールで国内外の友人ともよく連絡を取り合いました。愛知県の親友は、「不況は会社の経営方針を考え直すきっかけと思うべきだ」と教えてくれました。これを人生に応用すると、コロナ禍は生き方を再考する良い機会ではないかと思います。

コロナのため、57年ぶりに開催された2021年の東京オリンピック大会も、来日した外国人と日本人との交流はほとんどないままでした。せっかくの国際交流の良い機会だったのに残念です。コロナ禍が終息して、大勢の外国人が日本各地の人々と交流を満喫できる光景を待ち遠しく思っています。

最後になりますが、本書を皆さんに読んでいただくきっかけを作ってくれた草思社の吉田充子さんと、僕の考えをうまく構成してくれたライターの八木沢由香さんに、心からの感謝を伝えます。

2021年8月

ピーター・フランクル

著者略歴――――

ピーター・フランクル Peter Frankl

1953年ハンガリー生まれの数学者で大道芸人。国際数学オリンピック金メダリスト。世界各国で暮らした後、1988年より日本に定住。算数オリンピック委員会理事、ハンガリー学士院メンバー、日本ジャグリング協会名誉顧問。12ヵ国語を話せ、110ヵ国以上を訪れた経験を持つ。講演活動、テレビ出演、執筆活動など多彩な活動を通じて、日本人に人生をより豊かにするコツを伝えようと尽力している。

子どもの英語教育は
あせらなくて大丈夫!

12ヵ国語を操る世界的数学者が、
今伝えたい、子育てで本当に
優先すべきこと

2021年10月4日 第1刷発行

著　者 ピーター・フランクル
装幀者 渡邊民人(TYPEFACE)
本文デザイン 清水真理子(TYPEFACE)
発行者 藤田　博
発行所 株式会社 草思社
〒160-0022 東京都新宿区新宿1-10-1
電話 営業 03(4580)7676 編集 03(4580)7680

本文組版 横川浩之
印刷所 中央精版印刷株式会社
製本所 大口製本印刷株式会社

ISBN978-4-7942-2536-8 Printed in Japan 検印省略